Völkerkrieg und Völkerrecht

Rede

gehalten im Saale der Aubette zu Straßburg
am 28. November 1914

von

Dr. H. Rehm
Professor der Rechte zu Straßburg i. E.

Der Reinertrag ist für die Hinterbliebenen der im Felde
gefallenen Elsaß-Lothringer bestimmt.

Straßburg.
Verlag von Karl J. Trübner.
1914.

Druck von M. DuMont Schauberg, Straßburg.

Meine Damen und Herren!

Was Sie hierher führt, ist im letzten Grunde nicht die Absicht, diesen oder jenen Redner zu hören, sondern das Bedürfnis, in dieser schweren und doch so hohen Zeit sich zusammen zu finden mit Gleichgestimmten und Gleichgesinnten. Um mit zu lieben und mit zu hassen sind wir da; zu lieben aus voller Seele unser herrliches, geeintes Vaterland, Kaiser und Reich, unser tapferes Heer, unsere mutige Flotte; zu hassen alles, was uns entgegentritt an Niedertracht, Roheit und Frivolität. Wir sind zusammengekommen als Deutsche, eine deutsche Versammlung, erfüllt von gemeinsamer Wehmut, aber auch getragen von unerschütterlicher Zuversicht. Ein Grund, auf dem diese Zuversicht baut, ist die Sicherheit unseres Rechtsgefühles. Wer ehrlich glauben darf, daß das Recht an seiner Seite ficht, dem muß der Sieg doch bleiben. Und so lassen Sie mich sprechen von dem Krieg und seinem Recht, von Völkerkrieg und Völkerrecht.

Zuerst theoretisch.

Das internationale Recht hat die Aufgabe, ein geordnetes Zusammenleben der Nationen zu sichern. Dies ist nicht denkbar ohne e i n e n Grundsatz, ohne den der Gleichberechtigung der Staaten, ohne die Regel, daß die Staaten voneinander unabhängig sind. Diese rechtliche Gleichheit der Mächte gibt dem internationalen Rechte aber eine gewisse Unvollkommenheit. Sie hat zur Folge, daß es für die Einhaltung der Völkerrechtsordnung keinen Richter und keinen Rechtsvollzieher gibt. Durchsetzen läßt sich das zwischenstaatliche Recht allein im Wege der Selbsthilfe. Das stärkste Mittel der Selbsthilfe ist der Krieg. Auch er ist daher nach dem Wesen des Völkerrechts geordnet, die Kriegsgewalt beschränkt. Zum Kriege tritt das Kriegsrecht. Sein Zweck ist, dem Kriege von seiner Grausamkeit zu nehmen.

Drei Schranken sind es, die das Kriegsrecht aufstellt. Beschränkt sind die Parteien in der Wahl 1. der Organe, 2. der Objekte, 3. der Mittel der Kriegführung.

Erste Schranke! Nicht ist es an dem, daß dem Bürger jede feindliche Handlung verwehrt ist. Nur das ist richtig: Waffengewalt darf allein die organisierte Streitmacht ausüben. Zu ihr gehören aber auch organisierte, d. h. unter einer Leitung stehende Bürgerwehren, Milizen, Freiwilligenkorps, sofern ihr Leiter für sie dem Staate verantwortlich ist, sie selbst die Waffen offen führen, die Kriegsgebräuche beachten und vor allem ein bestimmtes Abzeichen tragen, das aus der Ferne erkennbar ist, mit andern Worten uniformiert sind. Ausnahmsweise hat auch der einzelne Waffenrecht, aber ebenfalls nur, wenn er die Waffe offen führt und die Kriegsgesetze wahrt, und lediglich, solange das Dorf, solange die Stadt oder das alleinstehende Haus noch nicht vom Feinde besetzt ist. Sind die Deutschen in England eingefallen, haben sie eine Stadt, einen Hafen besetzt, dann ist in dieser Stadt, in diesem Hafen nicht mehr Einzel-, sondern nur noch Bürgerwehrkrieg gegen sie korrekt.

Auf der ersten Haager Kriegsrechts-Konferenz, der von 1899, haben die Kleinstaaten unter Führung Belgiens und mit Unterstützung von Frankreich und England dem einzelnen Bürger das Waffengewaltsrecht auch gewährt wissen wollen, wenn der Ort, das Haus bereits besetzt ist. Dagegen erhob sich der deutsche Militärdelegierte, Oberst von Schwarzhoff — und die Vertreter Rußlands und Österreichs pflichteten ihm bei —, indem er betonte: Man spreche so viel von Humanität; an der Zeit sei, einmal daran zu erinnern, daß der Soldat auch ein Mensch sei, daher auch Anspruch auf Humanität besitze; wenn der Wehrmann ermüdet und erschöpft von langem Kampf und langem Marsch ins Quartier komme, so müsse er sicher sein, daß friedliche Bürger sich nicht plötzlich in wilde Feinde verwandeln. Das Recht, ihr Vaterland zu verteidigen, bleibt den Bürgern auch jetzt noch. Sie brauchen sich nur zu organisieren.

Die zweite große Schranke der Kriegführung bezieht sich auf die Angriffsobjekte. Kriegsgewalt darf angewendet werden allein gegen Feinde, nicht auch gegen Neutrale. Dieser Rechtssatz ist jung. Erst seit Ende des 18. Jahrhunderts steht er allgemein in Geltung. Er bedeutet, daß neutrales Gebiet, Land- und Wassergebiet, nicht Kriegsschauplatz sein kann. Die Regel, daß auch die hohe See nicht Kampffeld werden darf, hat sich nicht entwickelt. Das freie Meer ist nicht von selbst neutralisiert, dazu bedarf es besonderer Verabredung. Die süd- und mittelamerikanischen Regierungen möchten es für eine amerikanische Zone.

Und nun zur dritten Gruppe von Beschränkungen. Sie gehen am weitesten. Artikel 23 der Landkriegskonvention lautet klar und deutlich: „Die Kriegführenden haben kein unbeschränktes Recht in der Wahl der Mittel zur Schädigung des Feindes." Begrenzt sind Maß und Art der Mittel.

Das Maß der Kriegsgewalt ist abgestuft. Gegen alles, was feindlich ist, gegen Kämpfer und Nichtkämpfer, Staats- und Privatgut ist Kriegsgewalt erlaubt, aber nicht mehr, wie früher, gegen alle die gleiche.

Der stärksten kriegerischen Gewalt ist der wehrhafte Kombattant ausgesetzt. Er darf gefangen genommen, verwundet und getötet werden. Und zwar gilt nicht der Satz, solange Gefangennahme möglich, ist Verwunden und Töten verboten. Nach freier Wahl ist das stärkste Mittel der Unschädlichmachung gestattet.

Den wehrlosen Soldaten gegenüber ist nur Gefangennahme rechtmäßig. Dabei ist wohl zu beachten: verwundet oder krank und wehrlos sind nicht dasselbe. Der Verwundete und Kranke darf noch, wenn er kann, Kriegsgewalt ausüben, nur nicht in meuchlerischer Weise, d. h. nachdem er sich ergeben oder wehrlos gestellt hat. Solange ist deshalb auch ihm gegenüber Vernichtung, volle Vernichtung erlaubt.

Noch geringerer Zwang ist gegen feindliche Untertanen zulässig. Sie dürfen weder absichtlich verwundet oder getötet, noch gefangen genommen werden. Lediglich ihr Vermögen ist der Kriegsgewalt ausgesetzt, aber auch nur im Rahmen der dringenden kriegerischen Notwendigkeit, nicht zur Bereicherung. Plündern und Beutemachen ist unerlaubt. Nur das bedeutet der Satz von der Unverletzlichkeit des feindlichen Privateigentums. Es darf durch Bomben und Granaten, durch Anzünden und Niederreißen vernichtet, es darf zum notwendigen Unterhalt des Heeres weggenommen und insoferne verletzt werden. Um dem Gegner beim Rückzug das Nachrücken zu erschweren, um zu verhindern, daß er den ragenden Turm zur Aufstellung von Signalposten, die mit Lebensmitteln gefüllten Privatlager zur Verpflegung des Heeres benutzt, darf alles feindliche Privateigentum zerstört und mitgenommen werden. Kein Plündern und Stehlen ist es, wenn der Soldat, der Arzt, die Krankenschwester aus Häusern feindlicher Untertanen sich die notwendige nicht anders aufzubringende Kleidung, die erforderliche Nahrung, die notwendigen Ausrüstungsgegenstände ersetzt. Nur Wegnahme in Bereicherungsabsicht ist verboten. Eine Ausnahme gibt es indes auch davon. Gefangenen dürfen Waffen, z. B. Feldstecher, Pferde und Schriftstücke militärischen Inhalts, z. B. Kriegstagebücher, weggenommen werden, auch wenn sie ihnen privat gehören, aber auch dies alles nur zugunsten des Staates. Für sich hat der Soldat kein Aneignungsrecht, auch nicht an erbeutetem Kriegsmaterial, das dem feindlichen Staate gehört. Sein Staat kann ihm solches Material nur gegen geringes Entgelt oder schenkweise überlassen. Die Vorräte an Lebensmitteln, Rohstoffen und Waren in Antwerpen durften schlechthin weggenommen werden, soweit sie Eigentum feindlicher Staaten waren; soweit sie feindlichen Untertanen gehörten, war ihre Beschlagnahme statthaft, aber allein gegen Entschädigung. Selbst von dem Satze, daß Freiheit und Leben des gegnerischen Untertanen unverletzlich sind, bestehen Ausnahmen. Er darf gefangen genommen werden zur Geheimhaltung von Operationen und Nachrichten; er darf als Bürge, als Geisel erschossen werden, wenn trotz des Einziehens von Geiseln die betreffende Völkerrechtswidrigkeit eintritt oder fortgesetzt wird; sonst wäre dies Kriegsmittel ja wirkungslos. Selbstverständlich ist nicht unerlaubt, den feindlichen Untertan bei Beschießung und sonstiger Zerstörung von Gebäuden und Ortschaften zu verletzen. Weil in einem Hause Privatpersonen sich aufhalten, muß der erforderliche Kriegszwang gegen es nicht unterbleiben. Nur die unmittelbare Tötung und Verwundung, die, welche Selbstzweck ist, ist verpönt, also z. B. das Vorsichhertreiben der Zivilbevölkerung, um sich gegen feindliche Kugeln zu schützen, oder der Befehl, wie ihn ein russischer General im August 1914 in Ostpreußen gab: alle Förster sind ohne Ausnahme zu erschießen. Verletzung dagegen bei Gelegenheit militärischer Maßnahmen, also Verletzung, die dabei möglich oder unvermeidlich ist, ist erlaubt. Das Herabwerfen von Bomben muß nicht unterbleiben, weil dadurch Privatpersonen getroffen werden können.

Soweit die Abstufung der Kriegsgewalt von der Anwendung der Waffe bis zur Benutzung und Wegnahme von Privatgut nach der Art der Feinde.

Die zweite Reihe von Beschränkungen der Kriegsmittel betrifft ihre Art und zwar fast ausschließlich eine Weise, die Waffenanwendung. Gewisse Arten hiervon sind untersagt. Welche, das wissen wir aus ihrer täglichen Verletzung. Ich erwähne nur zwei. Verboten ist das Beschießen unverteidigter Orte und Wohnstätten. Und verboten sind Mittel, die geeignet sind, unnötige Leiden zu verursachen. Wohlgemerkt: unnötige, nicht: furchtbare. Furchtbare Waffen sind gestattet, wenn sie nötig sind, völkerrechtswidrig daher keineswegs die 42 Zentimeter-Mörser und die Minenwerfer. Auch sonst gilt: Was nicht verboten ist, ist erlaubt. Erlaubt sind also Panzer-, erlaubt sind auch wilde, d. h. führerlose Züge; erlaubt ist, beim Rückzug Einwohner einzusperren oder mitzuschleppen, damit sie nichts verraten können; erlaubt sind Geiseln. Gestattet ist ferner die Kriegslist: Schießen aus Baumkronen und Baumkanzeln, Scheinstellungen, das Sichtotstellen, um der Gefangenschaft oder Verletzung zu entgehen; verboten aber die List des Soldaten, daß er feindliche Uniform oder bürgerliche Kleider anzieht. Wer zum Heere, wer zu Milizen, wer zu Freiwilligenkorps gehört, muß ein bestimmtes, aus der Ferne erkennbares Abzeichen tragen; also selbst das Verwenden von Zivilkleidern zur Flucht ist völkerrechtswidrig. Großfürst Nikolai Nikolajewitsch und General Rennenkamp sind hiefür bezeichnende Beispiele. Durchaus rechtmäßig ist das Einziehen von Nachrichten, soferne es nur nicht durch Spione, d. h. durch heimliches Eindringen in das feindliche Operationsgebiet ohne Uniform geschieht. Kundschafter im Gegensatz zu Spionen dürfen nicht nach Standrecht gerichtet, also bestraft, sondern nur nach Völkerrecht, mit Kriegsgewalt behandelt werden.

Aber das Humanitätsrecht geht noch weiter. Es verbietet nicht nur gewisse feindliche Kriegsmittel, sondern gebietet auch freundliche. Schon ein alter Völkerrechtssatz lautet: hostes dum vulnerati fratres; der Feind, solange er verwundet ist, ist Bruder; solange ist gegen ihn Waffengewalt unstatthaft. Allein die Genfer Konvention hat zu diesem Rechtssatze, daß der verwundete und kranke Gegner zu schonen ist, noch den anderen gefügt: er muß auch versorgt werden. Er ist zwar kriegsgefangen, aber er ist zu pflegen und zwar in derselben Weise, wie die eigenen Verwundeten und Kranken. Verwundete und Kranke am Borde eines weggenommenen Schiffes sind ohne Unterschied der Nationalität zu schützen und zu heilen. Zu diesem Zwecke ist sogar die Rechtsregel durchbrochen, daß das feindliche

Pflegepersonal unverletzlich, d. h. der Kriegsgewalt, also selbst der Gefangennahme nicht ausgesetzt ist. Jede Kriegspartei, die gezwungen ist, Kranke oder Verwundete dem Gegner zu überlassen, hat zwar, soweit es die Kriegslage gestattet, die Pflicht, einen Teil ihrer Sanitäts-Personen und Sanitäts-Ausrüstungen zurückzulassen, aber, da dies nicht genügt, ist der Gegner befugt, Krankenpflegepersonal, das in seine Hände fällt, zur Fortsetzung seiner Verrichtungen anzuhalten, solange diese Mitwirkung unentbehrlich ist.

Im Seekriege steigert sich diese Fürsorge für den Feind noch. Sie wird zu einer Rettungspflicht auch des nicht verwundeten Gegners. Aber wie für die Verwundeten- und Krankenfürsorge, gilt auch hier: die Pflicht beginnt erst nach dem Kampfe. Erst nach Beendigung des Kampfes hat die das Schlachtfeld behauptende Partei das Schlachtfeld absuchen zu lassen; ebenso besteht keine Rechtspflicht, den mit den Wellen ringenden Gegner während des Kampfes zu retten. Die englische Flotte hat während des Seegefechts bei Helgoland Ende August für deutsche Matrosen Boote ausgesetzt, aber nicht, um sie zu retten, sondern um sie zu fangen. Als die Boote in Gefahr kamen, weggenommen zu werden, schossen die englischen Fahrzeuge darauf. Vom Standpunkte des Völkerrechts läßt sich an diesem Verhalten nichts aussetzen. Auch eine Pflicht, gefallene Gegner zu bestatten, besteht nicht.

Die Regelung der Verwundetenfürsorge führt zu einer eigenartigen Konsequenz. Die Menschlichkeit gegen den Feind ist eine Rechtspflicht; sie muß geschehen. Die Fürsorge für die eigenen Verwundeten und Kranken ist nicht zur Rechtspflicht erhoben; der Verwundete und Kranke hat keinen Rechtsanspruch darauf. Der Grund hierfür ist naheliegend. Die Fürsorge für die eigenen Angehörigen wird auch ohne Rechtszwang erfüllt, die für die Gegner nicht. Das hat der Schweizer Dunant auf dem Schlachtfelde von Solferino erfahren. Mit flammenden Worten hat er die furchtbaren Leiden der verwundeten gegnerischen Soldaten geschildert. Die Folge davon war die Genfer Konvention von 1864.

Nun aber zur Praxis des Völkerrechts, d. h. in diesem Krieg zu seinen Verletzungen.

Eines sei vorausgeschickt. Im Kriege wird nicht nur Kriegs-, sondern auch allgemeines Völkerrecht übertreten. Die allgemeinen Völkerrechtssätze, die Grundlagen des Völkerrechts, bleiben nämlich auch während des Krieges geltend.

Die Völkerrechtsverletzungen lassen sich in grobe, sinnenfällige, und in feine, nicht so klar zutage liegende, einteilen.

Die groben begehen die Mannschaften und Bevölkerungen. Sie will ich nur streifen. Drei Völkerrechtssätze sind es, die am schlimmsten mißhandelt werden. Einmal der: der verwundete Gegner ist zu achten. Das heißt vor allem: Beschimpfungen, Grausamkeiten, Roheiten an ihm, gegen ihn sind verboten. Und dann der andere: Sanitätspersonal und Sanitätsanstalten sind unverletzlich. Man hat sie beschossen, erschossen und verwüstet. Nur ein Fall. Franzosen waren aus ihren Verschanzungen zum Angriff übergegangen. Er mißlang unter großen Verlusten. Vierhundert Tote und Verwundete deckten das Feld; der Rest floh in die Gräben zurück. Die Deutschen warteten nun darauf, daß die französischen Ärzte und Sanitätssoldaten kommen würden, um die Verwundeten fortzuschaffen und die Leichen wegzuräumen, aber nichts geschah trotz des herzzerreißenden Jammerns der Verwundeten. Da gingen zwei deutsche Ärzte aus dem Graben vor, um den Armen zu helfen. Sofort bekamen sie Feuer. Und dann die dritte Regel: die Verwundeten und Kranken der gegnerischen Streitmacht sind ebenso, also ebenso früh und ebenso sorgfältig, wie die eigenen, zu versorgen. Wie sehr lassen es die „Verbündeten" daran fehlen!

Oft wurden mehrere Rechtsnormen zugleich verletzt. Frauen in Belgien brachten an ihrem Hause die Rote-Kreuz-Flagge an; Verwundete wurden hineingelegt und nun schlafend von den Frauen furchtbar getötet. Da ist 1. Mißbrauch des Roten Kreuzes, 2. Teilnahme am Krieg im vom Feinde bereits besetzten Gebiete, 3. Waffen nicht offen tragen, 4. meuchlerische Tötung.

Auch Mischung von erlaubten und unerlaubten Mitteln begegnet. In Serbien kam vor, daß ein Soldat sich gefangen nehmen ließ, um durch falsche Angaben den Gegner irrezuführen. Sich gefangen nehmen lassen zu dem Zwecke war eine Kriegslist und Kriegslisten sind erlaubt, aber unerlaubt war die Irreführung. Gefangene müssen sich jeder Feindseligkeit enthalten.

Die feineren Völkerrechtsbrüche sind die der Regierungen. Nicht nur die Kriegführenden, sondern auch die Neutralen kommen da in Betracht. Denn der Krieg hat rechtlich die Eigentümlichkeit, daß er ein besonderes Rechtsverhältnis nicht nur für die Kriegführenden, sondern auch für die nicht am Kriege beteiligten Länder begründet. Auch sie empfangen vom Krieg besondere Rechte und besondere Pflichten.

Zunächst von den neutralen Staaten. Nicht sprechen will ich dabei von Italien, so sehr es naheliegt, davon zu reden, wie die Nichtteilnahme Italiens am Kriege als unser Verbündeter jedenfalls juristisch ein Rätsel ist, und zu fragen, ob die italienische Regierung dem über den Rahmen eines diplomatischen Agenten hinausgehenden Wirken des französischen Botschafters in Rom nicht hätte schon längst völkerrechtlich entgegentreten müssen. Im übrigen ist freudig festzustellen: die neutralen Staaten haben, von einem Punkte abgesehen, im allgemeinen ihre völkerrechtlichen Pflichten streng erfüllt.

Die Türkei hat die Neutralität nicht verletzt, als sie deutsche Offiziere und Mannschaften übernahm und aus

Deutschland Waffen und Munition bezog. Die Neutralität verpflichtet zum Unterlassen von Feindseligkeiten. Unfreundlichkeiten gegen Kriegführende, hier gegen die Briten und ihre Marinemission, sind erlaubt. Nur ein Staat ist es, der stärker von den Vorschriften des Neutralitätsrechts abging, die Nordamerikanische Union. Nach zwei Richtungen hat sie gefehlt.

Die neutrale Macht ist nicht verpflichtet, den Kriegführenden das Benutzen der in ihrem Lande vorhandenen Telegraphen-, Telephon- und Telefunkenstationen zu untersagen oder zu beschränken, aber wenn sie es tut, muß es gleichmäßig geschehen. Formal hat dies die Union getan. Die amerikanische Regierung hat die Benutzung der Telefunkenstationen für alle Kriegführenden unter Zensur gestellt und führt diese Beschränkung auch gleichmäßig durch. Allein die Neutralität verpflichtet zu materieller Gleichbehandlung. Materiell ist die Beschränkung für England wirkungslos. England hat Kabel nach der Union und in Kanada und Neufundland Telefunkenstationen. Daher liegt in dem Zensurzwang tatsächlich nur eine Beschränkung Deutschlands; also eine Begünstigung Englands, und zwar eine militärische. Denn sie erschwert eines der wertvollsten militärischen Mittel, den Nachrichtendienst: chiffrierte Telegramme sind durch die Zensur ausgeschlossen. Jede praktische Begünstigung aber eines Teils, auch die mittelbare, ist völkerrechtswidrig.

Die Union hat jedoch noch in anderer Richtung gefehlt. Die neutrale Staatsregierung ist, von ganzen Schiffen abgesehen, nicht verpflichtet, Aus- und Durchfuhr von Kriegsbedarf nach dem feindlichen Ausland zu untersagen; sie kann, aber muß es nicht. Allein dies Recht, solche Zufuhr nicht zu verbieten, hört auf, wenn das Nichtverbieten in Wirklichkeit zur Unterstützung eines Kriegsteiles wird. Rußland über Wladiwostock, Großbritannien und Frankreich direkt beziehen aus Amerika Waffen, Munition, Lebens-, Heil- und Verbandsmittel; Deutschland kann es nicht, wenn England nicht zustimmt; denn England hat nach Lage der Sache die Kontrolle über alle Schiffe des Atlantischen Ozeans. Hier ist der Punkt, wo unsere Freunde, unsere Brüder in Amerika, in ihrem Lande zu unseren Gunsten wirken können. Sturm müssen sie laufen gegen dieses parteilich wirkende Verhalten ihrer Regierung. Die Union trägt so einseitig zur Verlängerung des Krieges bei.

Ein dritter Punkt betrifft den Panama-Kanal und die Panama-Gewässer. Die Union und die Republik Panama haben vereinbart, Kanal und Gewässer für eine Einheit zu erklären, wo Schiffe der Kriegführenden nur einmal während dreier Monate Kohlen einnehmen dürfen. England wird durch diese Anordnung der Aufenthalt in den amerikanischen Gewässern nicht erschwert, aber der deutschen Kriegsflotte. Die deutschen Schiffe kohlten in kürzeren Zwischenräumen und wechselten zwischen Kanalzone und den Gewässern ab. Die Union unterstützt also die Mächte des Dreiverbandes durch Nichteinführen von Ausfuhrverboten und benachteiligt Deutschland durch Erschweren des Kohlens in Zentralamerika.

Anders wie mit den Kriegsmitteln steht es rechtlich mit den Kriegskräften. Das Durchführen von Truppen, Munitions- und Proviant-Kolonnen darf das neutrale Land überhaupt nicht gestatten, auch nicht gleichmäßig. Rumänien und Bulgarien begehen keine Rechtswidrigkeit, wenn sie den Transport von Kriegsmaterial aus Rußland nach Serbien nicht verbieten, aber wenn es durch russische Kanonenboote geschieht, müssen sie es untersagen, und Bulgarien ließ auch solche Boote beschießen, die Kriegsmaterial nach der serbischen Festung Kladowo bringen wollten. Selbst wenn sie einzeln durch wollen, darf der neutrale Staat Soldaten der Kriegführenden nicht passieren lassen. Dagegen verletzt er seine Neutralitätspflicht keineswegs, falls er Wehrpflichtige der Kriegführenden oder sonst Leute, die in deren

Kriegsdienst treten wollen, am Durchreisen nicht hindert. Auch jetzt noch dürfen deshalb die Balkanstaaten Matrosen, die aus der deutschen Kriegsmarine ausgeschieden sind, nach der Türkei durchlassen. Italien und Schweiz legten den rückreisenden deutschen Reservisten nicht die geringsten Schwierigkeiten in den Weg. Die Schweiz und Luxemburg haben überhaupt, trotz großer Opfer, das Neutralitätsrecht pünktlich gewahrt.

Sehr sorgfältig sind die Neutralitätsgesetze dann aber von dem Staate beobachtet worden, dessen Interessen durch den Weltenkrieg am stärksten berührt wurden, Holland. Die niederländische Regierung hat die Internierungspflicht streng erfüllt. Sie hat jungen Belgiern in Zivilkleidern die Wegreise aus Holland verboten, weil sie wußte, daß viele belgische Soldaten im Zivilanzug herübergekommen, somit als Militärpersonen festzuhalten waren. England, das solche Zivil-Flüchtlinge auf dem Seewege wegbringen wollte, hat Holland dies abgeschlagen. Kraftfahrzeuge aus Deutschland oder Belgien ließ es die Grenze nicht überschreiten, da sie leicht militärischen Zwecken dienen. Ja Holland hat mehr getan, als es verpflichtet war. Es brauchte die Waffendurchfuhr nicht zu verhindern; die Regierung ordnete trotzdem das Durchsuchen der Schiffe auf Waffen an. Es mußte die aus Belgien fliehende Zivilbevölkerung nicht über die Grenze lassen; es hat sie aufgenommen und verpflegt.

Vor einer wichtigen Entscheidung blieben die Niederlande durch das rasche Vorgehen der Deutschen in Belgien und die deutschen Unterseeboote bewahrt. Im Plane Englands war es gelegen, den Antwerpener Hafen zum Flotten- oder wenigstens zum Verpflegungs-Stützpunkt zu machen. Nun ist die Scheldemündung, die Westerschelde, aber holländisches, also neutrales Gewässer. Um diese Neutralität gegen Mißachtung durch die britische Seemacht zu schützen, hat Holland 1910 Vlissingen befestigt. Trotzdem behaupteten englische Völkerrechtslehrer, Holland müsse britische Kriegsschiffe zum Schutze der belgischen Neutralität auf der Westerschelde operieren lassen, denn diese Neutralisierung sei von ihm mit garantiert worden. Allein die Niederlande haben in dem Vertrage von 1839 die dauernde Neutralität Belgiens nur anerkannt, nicht die Garantie dafür mit übernommen. Dies taten allein die Großmächte. Aber selbst wenn es der Fall wäre, hat Holland nur die Verpflichtung, sie selbst zu schützen, nicht die Verpflichtung, die anderen Garanten sein Gebiet zu diesem Schutze benutzen zu lassen. Und nun Antwerpen als Verpflegungsbasis. Erfolgt die Zufuhr mit englischen oder neutralen Handelsdampfern, so wären an sich die Niederlande nicht verbunden, einzugreifen. Die Durchfuhr von Kriegsbedarf zu untersagen, ist die neutrale Macht nicht verpflichtet. Allein bei der Nähe Englands würde dies gleichbedeutend sein mit einem Ausschluß der Benutzung der holländischen Küste zur Zufuhr nach Deutschland. Denn England würde das hindern. Daher müßten die Niederlande die Westerschelde sperren, wollen sie sich nicht der Unterstützung Englands schuldig machen.

In einem Punkte — er gehört dem allgemeinen Völkerrechte an — haben, wie bereits angedeutet, viele, ja die meisten Neutralstaaten gesündigt. Gewiß verpflichtet das Recht nur zu einer Neutralität der Tat, nicht der Gesinnung. Nicht nur seine Bürger, sondern der neutrale Staat selbst darf an den Kriegführenden Kritik üben und Zu- und Abneigung bekunden, aber zu unterdrücken und zu bestrafen hat er Beleidigungen gegen die kriegführenden Staaten. Dies haben Argentinien, die Union und gar mancher andere Staat, selbst Holland nicht ganz erfüllt. Die Behörden der Schweiz dagegen treten energisch auf.

Nun aber von den Übertretungen des Völkerrechts durch die Regierungen der Kriegsparteien. Wir sprechen zuvorderst nur von den Verbündeten. Sie haben sowohl die Rechte Deutschlands und Österreich-Ungarns, wie auch die Rechte der Neutralen mißachtet.

Von den Verletzungen gegen uns gehörten nur wenige dem Kriegsrechte an. Die Beschlagnahme des Lazarettdampfers Ophelia, der Befehl eines belgischen Kommandanten vor Antwerpen, Parlamentäre, die sich blicken lassen, nicht anzunehmen, sondern zu erschießen, die Anweisung an eine englische Brigade, die weiße Fahne beim Feuern aus den Schützengräben zu mißbrauchen, das stillschweigende Dulden der Verwendung von Geschossen mit Widerhaken bei afrikanisch-französischen Truppen, das Versehen britischer Truppen mit Dum-Dum-Geschossen oder Dum-Dum-Vorrichtungen an ihren Gewehren, die Verwendung von Mannschaften, deren Kriegsgebräuche unseren Kriegsführungssitten durchaus widersprechen, erledigen sich als völkerrechtswidrig von selbst. Es ballt sich die Faust, aber wir wollen nicht davon sprechen. Näherer Betrachtung bedarf die Frage der Verschleppung.

Die Kriegsgewalt gegen feindliche Untertanen ist beschränkt. Sie können, solange man das Gebiet nicht dauernd besetzt hat, also insbesondere, wenn man sich aus ihm zurückzieht, nicht aus irgend welchen, sondern lediglich aus bestimmten Gründen ihrer Freiheit beraubt werden. Sonst wären ja alle Bürger der Mitnahme ausgesetzt. Geschehen darf es auch nicht, um den Mann wegen Verrats zu bestrafen, den er dadurch beging, daß er Beobachtungen, die er über den Feind machte, ehe dieser kam, den Befehlshabern seines Staates mitteilte. Gefangengenommen werden darf er 1. nur als Bürge, 2. wegen einer strafbaren Handlung, die er im Operationsgebiete des Feindes beging, solange dieser da war, daher wegen Verrats in dieser Zeit, 3. weil er nach dem Abmarsch verraten könnte. Solch nachheriger Verrat ist nicht strafbar, aber der Gegner darf ihm durch Gefangennahme zuvorkommen. Die Franzosen haben völkerrechtswidrig gehandelt, indem sie Personen mitnahmen 1. lediglich wegen ihrer deutschen Gesinnung, als Verbreiter der franzosenfeindlichen deutschen Idee, oder 2. aus Ärger darüber, daß die Truppen keine franzosenfreundliche Stimmung fanden, oder 3. weil die Personen das Rote-Kreuz-Abzeichen ohne französische Erlaubnis trugen; solange das Gebiet nicht dauernd besetzt ist, brauchen sie eine solche nicht einzuholen, sondern gelten die deutschen Erlaubniserteilungen fort. Dagegen waren die französischen Truppen wohl befugt, bei ihrem Rückzuge Leute mit wegzuführen, von denen sie annehmen durften, z. B. weil sie Beamte sind, daß sie nachher den deutschen Regimentern von selbst oder auf Verlangen Mitteilungen über militärische Dinge machen würden, deren Kenntnis der französischen Kriegführung nachteilig sein könnte. Aber auch da haben sie gefehlt. Erstens dürfen solche Gefangene nicht bis zum Kriegsende zurückbehalten werden, sondern nur solange, als es der Zweck erfordert, deshalb nicht mehr, wenn das, was die Mitgeschleppten über militärische Vorgänge beim Gegner wußten, aufhörte, für die deutsche Kriegführung von Bedeutung zu sein. Und zweitens waren sie, wie der Haager Vertrag für Kriegsgefangene vorschreibt, mit Menschlichkeit zu behandeln, also auch zu schützen vor Beschimpfungen und vor Beschädigungen ihrer Gesundheit und Habe.

Die übrigen Rechtsbrüche gegen Deutschland bewegen sich auf dem Gebiete des allgemeinen Völkerrechts.

Wer Krieg führt, hat besonders die Befugnis, den Gegner nicht nur mit der Kriegsgewalt, d. h. völkerrechtlich, sondern auch mit der Staatsgewalt, also staatsrechtlich, so z. B. durch Ausfuhrverbote, zu bekämpfen: wirtschaftliche Kriegführung. Staatsrechtliche Gewalt hat er aber auch über die feindlichen Untertanen in seinem Lande. Diese ist viel weniger beschränkt als seine Kriegsgewalt. Kriegsgewalt besitzt Frankreich gegen die deutschen Truppen in Frankreich. Wie es gegen diese vorgehen darf, bestimmt das Kriegsrecht: wer gefangen genommen werden darf und wie er dann zu behandeln sei. Über die in Frankreich lebenden deutschen Privatpersonen hat die französische Regierung die Fremdenhoheit, also Staatsgewalt. Kraft ihrer darf der Staat aus allen Gründen seiner äußeren und inneren Sicherheit, somit sehr weit gegen die Fremden einschreiten, sie ausweisen, sie festhalten, sie zusammensperren, solange es notwendig ist. Diese Eingezogenen sind Polizei-, nicht zivile Kriegsgefangene, also genießen sie nicht den Schutz des Haager Kriegsrechts-Übereinkommens für Kriegsgefangene. Für sie gilt daher nicht der Satz, daß sie in Nahrung, Unterkunft und Kleidung wie die Truppen des eigenen Staates zu behandeln sind, nicht der Satz, daß über sie Auskunftsstellen zu errichten sind, nicht der Satz, daß die Macht den Hilfsgesellschaften für sie Erleichterungen zum Erfüllen ihres menschenfreundlichen Bestrebens zu gewähren hat. Aber ohne allen Rechtsschutz sind doch auch diese Polizeigefangenen nicht. Er liegt im Völkerrecht. Allein Frankreich, England und Rußland erfüllen diese Pflicht lässig. Jede Macht hat völkerrechtlich die Pflicht, die Fremden im Lande in ihrer Person und ihren Rechten zu schützen, und diese Pflicht besteht auch während des Krieges fort. Sie rechtfertigt sich durch die Erwägung, daß der Heimatstaat seine räumlich entfernten Bürger nicht unmittelbar zu schützen vermag. Die Verpflichtung steht nun wohl, weil sie fremden Interessen dient, hinter dem Rechte zurück, den Fremden aus Gründen der öffentlichen Sicherheit, also um eines eigenen Interesses willen, zu beschränken. Der Staat darf den Fremden in seiner Person beschränken, wenn es die Staatssicherheit erfordert. Nach Auffassung der englischen Militärs verlangt die Bekämpfung der Spionage zugunsten der deutschen Kriegführung und die Möglichkeit, daß die Deutschen im Lande das Erscheinen der Zeppeline zur Erregung einer Panik benutzen, die Sammelhaft aller Deutschen. Man kann diese Auffassung überängstlich finden. Die Furchtempfindungen sind verschieden. Unrechtlich ist sie nicht. Keineswegs nur Verdächtige, sondern auch Unschuldige dürfen im Interesse der Staatssicherheit festgehalten werden. Aber nicht erforderlich ist zu diesem Zwecke das Nichteinschreiten gegen eine

Leben, Gesundheit und Ehre untergrabende Behandlung. Soweit als der Zweck nicht das Gegenteil erfordert, sind die Festgehaltenen vom internierenden Staate in diesen ihren Gütern zu schützen. Er muß diese Güter nicht bessern, aber erhalten. Auch ein anderes läßt sich nicht mehr mit Fremdenpolizei decken. Am 19. November 1914 wurden 500 Deutsche aus der Olympia-Arena auf die in der Themse vor Southend liegenden Schiffe gebracht. Dadurch werden die Betroffenen der deutschen Kriegsgewalt ausgesetzt. Diese soll dadurch von einem Angriffe abgehalten werden, gerade so, wie dadurch, daß gefangen genommene deutsche Verwundete auf den Rand der unter deutschem Feuer stehenden Schützengräben geschleift werden. In Wahrheit liegt hier Ausübung von Waffengewalt gegen feindliche Untertanen vor; sie werden absichtlich der Tötung ausgesetzt, wenn auch der durch deutsche Waffen. Das ist aber völkerrechtlich verboten.

Kraft seiner Fremdenhoheit hat der Staat auch Gewalt über das fremde Privatvermögen im Lande. Wohl muß er den Ausländer auch in seinen Rechten schützen. Allein hier ebenfalls gilt: nur, soweit das Staatsinteresse nicht das Gegenteil fordert. Daher dürfte der Staat an sich auch fremdes Privatvermögen im Lande beschlagnahmen und für sich einziehen. Das war bis vor kurzem noch geltendes Recht. Aber das zweite Haager Abkommen über das Landkriegsrecht, das von 1907, hat hier für den Landkrieg eine Schranke gezogen. Es bezeichnet als unerlaubtes Mittel zur Schädigung des Feindes, Rechte von Angehörigen der Gegenpartei aufzuheben, zeitweilig außer Kraft zu setzen und ihre Klagbarkeit auszuschließen. Die englische Regierung hat sich über diese Vorschrift mit einer höchst unverfrorenen Auslegungsfreiheit hinweggesetzt; die französische ist ihr gefolgt; sie zieht unter dem Namen Beschlagnahme deutsches Privatvermögen zu ihren Gunsten sogar verschleiert ein. Das Deutsche Reich konnte nicht anders, als im Wege der Repressalie wenigstens teilweise dasselbe zu tun. Repressalie aber ist erlaubte Rechtswidrigkeit. Aus dem gleichen Grunde ist der türkische Befehlshaber in Syrien im Recht, wenn er — November 1914 — den mit der Vertretung der feindlichen Mächte betrauten Konsuln in Beirut mitteilte, daß er die Güter der den feindlichen Staaten angehörigen Staatsbürger beschlagnahmen werde, sobald die französisch-englische Flotte die unverteidigte syrische Küste beschieße, und sogar hinzufügte, für jeden dabei gefallenen Muselmann werde er außerdem drei Angehörige der kriegführenden Staaten hinrichten lassen.

Ich rede nicht von den Verletzungen auf dem Gebiete des Gesandtschaftsrechtes. Nicht davon, daß die Petersburger Polizei die Zerstörung des deutschen Botschafterhauses und die Ermordung eines deutschen Botschaftsbeamten duldete. Auch nicht davon, wie Konsuln der Dreiverbandsmächte in der Türkei bei sich Waffen ansammelten, oder einen Angriff auf den Staat, bei dem sie zugelassen waren, vorbereiteten. Die Erwähnung dieser Fälle soll lediglich hinüberführen zu dem stärksten und niederträchtigsten, jeden Tag sich erneuernden Bruch des allgemeinen Völkerrechts, in dem unsere Gegner geradezu wetteifern, zu dem Verleumdungsfeldzug gegen das Deutsche Reich, den sie fördern und dulden. Die Grundfeste der internationalen Rechtsordnung, mit der sie steht und fällt, ist die Gleichheit der Staaten. Zu dieser Gleichordnung gehört auch die Notwendigkeit gegenseitiger Achtung, das Recht auf Achtung. Das heißt völkerrechtlich gewendet: Kein Staat darf den andern beleidigen, weder unmittelbar durch seine Organe noch mittelbar dadurch, daß er seine Bürger nicht daran hindert, den anderen Staat zu beleidigen, und, wenn sie es tun, dafür nicht straft. Welche Flut von Verdächtigungen und Verleumdungen unseres deutschen Volkes, unseres Heeres, welche niederträchtigen Beschimpfungen unseres Kaisers, des Kronprinzen und vieler anderer Einzelpersonen dulden unsere Gegner in ihrer Presse, ja, was besonders englische Staatsmänner angeht, sprechen sie selbst oder durch die offizielle Berichterstattung aus. Wir gehen daran mit Verachtung vorüber, wollen aber hier nochmals der neutralen Staaten und Völker nicht vergessen, welche ebenfalls ihre Pflicht der Achtung gegen uns mit Füßen treten und mit Füßen treten lassen.

Ich gelange zu den Völkerrechtsdelikten, deren sich die Verbündeten gegen die Neutralen schuldig machten. Sie sind unzählig und unerhört.

An Frechheit obenan steht die Verletzung der Neutralität Chinas durch Japan und England. Die Japaner sind in der Provinz Schantung außerhalb des Gebietes von Kiautschou gelandet, um Tsingtau vom Lande her erobern zu können, also nicht im Notstand, sondern um den Angriff sich zu erleichtern. Gewiß hat China dieser Besetzung nachträglich zugestimmt; es hat die Bezirke Lungkou und Laitschou zur Kriegszone erklärt, geradeso wie die chinesische Regierung im russisch-japanischen Feldzuge die Kriegführung im Raume der Rußland gehörenden mandschurischen Eisenbahn rechtlich guthieß. Allein diese Zustimmung hebt die Rechtswidrigkeit des japanisch-englischen Vorgehens nicht auf. China mußte gegen die Verwendung neutralen Staatsgebietes zum Stützpunkt kriegerischer Unternehmungen Verwahrung einlegen. Es hat dadurch nicht nur seine Schutzpflicht gegen eine deutsche Aktiengesellschaft, sondern auch die Verpflichtung verletzt, kriegerische Operationen auf seinem Gebiete nicht zu dulden, ohne sagen zu können, sein Widerstand sei aussichtslos gewesen. Darin lag eine Parteinahme für England und Japan. 1904 konnte es zustimmen, da kam die Verwendung der Mandschurei dem Kriegstheater beider Teile zugute, dieses Mal aber nicht. Und England und Japan haben widerrechtlich neutrales Gebiet zum Kriegsschauplatz gemacht. Auch die Einwilligung der neutralen Macht entbindet sie nicht von der Pflicht, neutrales Land unversehrt zu lassen. Dies ist eine Pflicht auch gegen den anderen Kriegsteil. Daß die Besatzung von Tsingtau die Schantungbahn im Bereiche des Schutzgebietes zur Verstärkung ihrer Festungswerke benutzte, war ein rechtsmäßiger, die Japaner daher nicht zu einer Besetzung der Schantungprovinz berechtigender Akt der Ausübung eigener Gebietshoheit. Unter Zustimmung Chinas haben die Japaner die Schantungbahn in Mitverwaltung genommen. Sie sind aber gegen den Willen Chinas über die Kriegszone westlich hinausgerückt und auch noch nach dem Fall von Tsingtau in Schantung geblieben. Sie haben das chinesische Telegraphenamt in Weihaiwei — unmittelbar gegenüber der englischen Konzession Port Edward — in Besitz genommen und besonders haben sie den Endpunkt der Bahn, die ganz westlich gelegene Hauptstadt der Provinz, Tsinanfou, besetzt.

Auch juristisch angesehen, stehen den Vorgängen in China nahe das Verhalten Rußlands in Persien und die Behandlung Ägyptens durch England.

Nordpersien ist nach einem Vertrag zwischen Großbritannien und Rußland seit 1907 russische Interessensphäre. Das war ein Abkommen über den Kopf Persiens hinweg. Es begründete Rechte für Rußland allein gegen England, das Recht, daß England auf Interventionen in Nordpersien verzichtet. Rußland hat ohne Notstand und ohne Zustimmung Persiens in Persien autoritativ, zuletzt gewaltsam durch Truppenbesatzungen interveniert. Die Besetzung Persiens durch russische Truppen war also völkerrechtswidrig; Persien hatte keine Rechte Rußlands verletzt. Jedenfalls aber war von Rußland alles autoritative Auftreten in Persien von dem Augenblicke an zu unterlassen, wo der Weltkrieg begann. Nun hatte das russische Reich die Pflicht, ihm nicht gehörendes Gebiet nicht zum Gegenstand feindlicher Maßnahmen zu machen. Das Gebiet neutraler Staaten ist unverletzlich. Dies gilt auch in bezug auf Persien. Auf halbzivilisierte Staaten erstreckt sich das europäische Völkerrecht, soweit es durch Vertrag oder Übung anerkannt ist. Persien nahm an den Haager Konferenzen teil. Das europäische Kriegsrecht gilt deshalb auch im Verkehr mit Persien. Daher waren es schwere Neutralitätsbrüche, wenn Rußland trotz Persiens Aufforderung seine Truppen nicht zurückzog und die deutschen und österreichischen Konsuln und die ganze deutsch-österreichische Kolonie in Täbris nach Tiflis verschleppte.

In Ägypten liegt die Sache insoferne verschieden, als der Völkerkrieg bei seinem Beginne einen rechtlich etwas anders gearteten Rechtszustand vorfand. Die Besetzung Ägyptens 1882 war berechtigt, berechtigte Intervention zugunsten der englischen Gläubiger, wenn sie vorübergehend blieb; allein sie wurde dauernd; auch diese dauernde, unberechtigte Intervention wurde aber zu einer rechtmäßigen durch stillschweigende Zustimmung der Pforte. Ägypten bildet nach wie vor eine türkische autonome Provinz, steht aber unter dem den Namen Okkupationsregierung tragenden britischen Protektorat. Allein dies Protektorat ist nur ein völkerrechtliches und nur ein das Verhältnis zwischen Großbritannien und dem osmanischen Reich betreffendes, während die Frage der Neutralität auch die Interessen der Kriegführenden berührt. Es ist wichtig für deutsche Schiffe, ob die ägyptische Küste zum neutralen oder zum Kriegsgebiet gehört. Deshalb war Ägypten im Falle eines Krieges Englands mit andern türkisches, also neutrales Staatsgebiet. England muß daher dann in Ägypten alle Feindseligkeiten unterlassen. Es darf Ägypten nicht in Kriegszustand erklären, staatliche Goldreserven Ägyptens nicht wegbringen, nicht den deutschen und österreichischen Vertretern ihre Pässe zustellen, nicht den Vertreter des Sultans und ägyptische Beamte deutsch-österreichischer Herkunft an der Rückkehr hindern. Eine Ausnahme besteht insoweit auch nicht für den Suezkanal. Die britische Regierung hat nicht das Recht, in Port Said Kriegsschiffe zu belassen, dort deutsche Handelsschiffe wegzufangen und solchen im Kanal den Befehl zu geben, ins Mittelmeer auszulaufen. Anders wurde die Rechtslage seit

November, als der Krieg mit der Türkei anfing. Jetzt ist Großbritannien befugt, in Ägypten Kriegsgewalt auszuüben. Ägypten ist nunmehr völkerrechtlich vom Feinde besetztes türkisches Gebiet. Eine Schranke besteht da nur für den Suezkanal. Sie liegt in dem Abkommen über die Schiffahrt auf ihm vom Jahre 1888, dem sogenannten Konstantinopeler Vertrag. Wohl ist zwischen den meisten Teilnehmern dieser Vereinbarung Krieg ausgebrochen. Trotzdem hat sie ihre Kraft nicht verloren. Denn erstens ist der Vertrag kein rechtsgeschäftlicher, sondern ein rechtsetzender. Und dann bleiben jedenfalls solche Verträge in Geltung, die sich gerade auf Kriegszeiten beziehen. Das ist aber bei dem Suezabkommen der Fall. Es bestimmt, die ottomanische Regierung darf auch am Suezkanal alles zur Verteidigung Ägyptens und ihrer sonstigen, an der Ostküste des Roten Meeres gelegenen Besitzungen tun, also ihn auch militärisch besetzen; allen anderen Vertragsteilen dagegen ist, wie Art. 4 bemerkt, jedes Kriegsrecht, jeder Akt der Feindseligkeit im Kanale und in seinen Einfahrtshäfen, sowie im Umkreise von drei Seemeilen von diesen Häfen untersagt, und zwar selbst für den Fall, daß das ottomanische Reich eine der kriegführenden Mächte ist. Wohl hat die englische Regierung beim Abschluß des Vertrages für sich einen ohne Widerspruch gebliebenen Vorbehalt gemacht. Er ging dahin, sie könne sich nicht binden an diejenigen Bestimmungen des Abkommens, die unverträglich seien mit dem Zustande der Besetzung Ägyptens durch englische Kräfte, allein dieser Zustand war nach dem Wesen der Okkupation im Gegensatz zur Eroberung als Ausnahme- und als vorübergehender Zustand bezeichnet. Schon seit zwei Jahrzehnten — kann man sagen — gilt der Vorbehalt wegen wesentlicher Veränderung der Umstände, unter den er gemacht wurde, nicht mehr. Die vor längerem erfolgte Aufführung von Befestigungen am Kanal durch England war deshalb vertragswidrig.

Ein anderer ähnlicher Fall betrifft die in die Form einer Fürsorge für seine Sicherheit gekleidete gewaltsame Wegführung des deutschen Geschäftsträgers in Tanger. Marokko ist nicht französisches Staatsgebiet; Frankreich hat darüber nur völkerrechtliches Protektorat. So wenig Deutschland dort Kriegsgewalt ausüben darf, so wenig Frankreich. Und zur Ausübung von Polizeigewalt brauchte es nach dem besonderen Rechte für Tanger der Zustimmung Spaniens, und zulässig war polizeiliche Entfernung gegen den Gesandten kraft seiner Unverletzlichkeit nur, wenn von ihm eine feindliche Handlung gegen Marokko oder seinen Protektor bevorstand. Sonst konnten ihm vom General-Residenten, der den Sultan auch in auswärtigen Angelegenheiten zu vertreten berechtigt ist, lediglich die Pässe zugestellt werden. Dies ist eine Handlung freien Ermessens.

Nur Akte der Unfreundlichkeit gegen das neutrale osmanische Reich waren die Überwachung der Dardanellen, der syrischen Küste und der türkischen Küste am roten Meer, solange die englischen Schiffe außerhalb der türkischen Hoheitsgewässer blieben. Damit sie da bleiben, verlegte die Türkei die Hoheitsgrenze ihrer Küstengewässer vor den Dardanellen von drei auf sechs Seemeilen, also auf 11 Kilometer. Sie konnte es so weit, denn ihre Strandbatterien reichen bis dahin. Ein Neutralitätsbruch, d. h. eine gegen einen neutralen Staat gerichtete militärische Handlung war der russische Versuch, im schwarzen Meer vor dem Bosporus im Bereich des türkischen Hoheitsgebietes Minen zu legen, und das Einfahren englischer Kanonenboote in die türkischen Eigengewässer bei Mohammerah im persischen Golf.

Zu diesen Neutralitätsverletzungen gegen einzelne Mächte treten dann die schweren allgemeinen, deren sich England und im Gefolge zum Teil auch Frankreich schuldig machen.

Die Kriegsparteien sind heute noch berechtigt, dem Gegner die überseeische Warenzufuhr abzuschneiden. Die

Macht, Ausfuhr- und Durchfuhrverbote für das eigene Land zu erlassen, die schon in der Staatsgewalt, also in dem Recht über die eigenen Untertanen liegt, reicht hierzu nicht aus. Notwendig ist weiter die Befugnis, auch neutralen Schiffen diese Zufuhr, somit die Fracht und damit den Handel nach dem feindlichen Gebiete zu untersagen, denn nur so ist es möglich, auch den Transport aus anderen Ländern zu unterbinden. So hat denn jede kriegführende Partei selbst nach jetzigem Rechte noch die Rechtsmacht, neutrale Schiffe am Warentransport zum Feinde zu verhindern. Im Landkriege würde dies bedeuten, daß der Kriegführende den Transportunternehmungen neutraler Staaten die Beförderung von Waren nach dem Feindesland, also Deutschland z. B. die Durch- und Ausfuhr von Waren aus der Schweiz nach Frankreich, hindern dürfte. Das hieße Deutschland berechtigen, in der Schweiz Kriegsgewalt auszuüben. Die Pflicht, die Neutralität der unbeteiligten Staaten zu achten, erlitte dadurch eine wesentliche Einschränkung. Das Neutralitätsprinzip wäre zur Hälfte beseitigt. In Wirklichkeit ist es allein der neutrale Staat, der derartiges verbieten kann, aber nicht verbieten muß. Auf der See liegt die Sache anders. Das offene Meer ist Kriegsschauplatz. Hier ist die Möglichkeit gegeben, daß der Staat Kriegsgewalt ausübt, ohne das Gebiet fremder Staaten zu verletzen. Und so erlaubt das internationale Recht den Kriegführenden, über Neutrale zur See Gewalt zu üben, sie an der Zufuhr von Waren nach dem Feindesland und zwar nicht nur an der direkten, sondern auch an der indirekten, d. h. den neutralen Handelsschiffen Waren für den Feind schon wegzunehmen auf der Fahrt von einem neutralen Hafen nach einem anderen, von dem die Ware erst mit Schiff oder Bahn in das feindliche Gebiet geht.

Allein das Recht, auf diese Weise den Handel der Neutralen mit dem Feinde zu verhindern, ist nicht unbeschränkt. Das Vorhandensein von Schranken und zwar engen und starken ist verständlich, denn das ganze Recht stellt dar einen Einbruch in das Prinzip, daß auf dem Meere, weil es frei ist, keine Macht über die andere, also auch nicht über fremde Schiffe Hoheit besitzt, und eine Durchbrechung der Regel, daß Neutrale frei sind von Kriegsgewalt. Die Schranken bedeuten deshalb in ihrer Wirkung: der Kriegführende kann durch dieses Mittel nur die Kriegführung, nicht die friedliche Industrie, das friedliche Handwerk und die Ernährung der feindlichen Zivilbevölkerung stören. England möchte auf diesem Wege aber auch das letztere herbeiführen, die deutsche Industrie vernichten, das deutsche Volk aushungern, Deutschland auch wirtschaftlich niederringen. Klar zutage liegt, daß Großbritannien sein Ziel nur zu erreichen vermag durch Mißachtung der Schranken, die das Völkerrecht seinem Rechte setzt, die Neutralen von der Zufuhr abzuhalten. Und in der Tat hat England über diese Schranken und zwar über alle sich hinweggesetzt. Der englische Erstminister hat am 16. November im Unterhause erklärt, es sei belangreich, dem Feinde die dringend notwendigen Güter mit allen gesetzlichen Mitteln abzuschneiden. England versucht es in Wirklichkeit aber auch und sogar in erster Linie mit ungesetzlichen.

Das Völkerrecht stellt eine Reihe von Schranken auf. Die drei hauptsächlichsten seien betrachtet. Die erste lautet: Nicht das Verfrachten aller Waren, sondern nur solcher, die zur Kriegführung geeignet sind, darf die Kriegspartei verhindern. Nur solche darf sie unter Bann, unter das Zufuhrverbot stellen; nur die Beförderung solcher ist contra bannum, Konterbande. England stellt auch Waren darunter, die ausschließlich für die Bevölkerung bestimmt sind, Waren ausschließlich friedlichen Gebrauchs oder Gegenstände, die wenigstens nur sehr mittelbar für kriegerische Zwecke verwendbar sind: Gummi, Häute, Felle, Kupfer.

Die zweite Einengung ist diese: Unter Konterbande gesetzt dürfen wohl auch Gegenstände werden, die sich sowohl zur kriegerischen wie zum friedlichen Gebrauch eignen, z. B. Nahrungsmittel oder Holz, aber nur bedingt, lediglich für die direkte Zufuhr nach einem feindlichen, nicht auch für die nach einem neutralen Hafen. Daher bedingte, relative Konterbande genannt. Für diese Waren kann England allein die Handelsschiffahrt zwischen Amerika und Deutschland, Norwegen und Deutschland, nicht aber auch die von Amerika nach Norwegen kontrollieren. Auf der Fahrt nach einem neutralen Hafen zum Weitertransport nach Deutschland ist ihre Wegnahme unstatthaft. Erst wenn die Ware von Dänemark nach dem Reiche weitergeht, darf sie angehalten werden. England hat sich über diese Schranke dadurch hinweggesetzt, daß es alle Gegenstände, für die es das Zufuhrverbot erlassen hat, zur unbedingten Konterbande erklärt. Es beschlagnahmte Getreide, Kupfer usw. bereits auf dem Wege nach Dänemark, Holland, Norwegen, Italien.

Und nun die dritte Schranke: Die Waren, die zur Kriegführung geeignet sind, auf dem Schiffe zu kapern, ist nur erlaubt, wenn sie für einen Feind bestimmt sind und der durchsuchende Staat dies dem Schiffsführer beweisen kann. Dieser Beweis ist schwer, aber das Kaperrecht soll auch kein weites sein, denn es stellt ja eine Durchbrechung des Grundsatzes der Freiheit des neutralen Handels dar. Der Beweis ist bei der Fahrt nach dem neutralen Hafen, also bei indirekter Zufuhr, schwierig; denn dafür, ob für den Feind bestimmt, ist die Person des Käufers maßgebend. Sie wäre an sich aus der Transportversicherungspolice zu entnehmen. Hier steht, wer die Versicherungssumme erhalten soll. Allein sehr häufig sind die Versicherungsscheine auf den Inhaber oder als durch Inhaberindossament übertragbar gestellt. Auch diese Schranke behandelt die englische Kriegspraxis wie nicht vorhanden. Sie kehrt den Rechtssatz ins gerade Gegenteil um. Sie nimmt das Prisenrecht in Anspruch, wenn die Bestimmung für den Feind zu vermuten ist, und erklärt diese Vermutung nur als ausgeschlossen, wenn dem anhaltenden Schiffe überzeugend nachgewiesen wird, daß die Ladung nicht für den Feind bestimmt sei. Bei Sendungen nach Italien mit der Schweiz als Bestimmungsland z. B. muß daher die Frachturkunde, das Schiffskonnossement, bereits beim Abgang des Schiffes vom überseeischen Hafen einen Vermerk enthalten, der außer Zweifel setzt, daß die Ware für die Schweiz bestimmt ist. Außer Zweifel setzt dies aber erst der Vermerk, daß für die Ware im neutralen Land ein Aus- und Durchfuhrverbot besteht. So sind die neutralen Staaten, um sich für den eigenen, inneren Verbrauch die Zufuhr aus England oder Amerika zu erhalten, gezwungen, Aus- und Durchfuhrverbote zu erlassen, d. h. praktisch den Weitertransport nach Deutschland zu verbieten. Italien z. B. war genötigt, die Ausfuhr fast aller Nahrungsmittel, der Fabrikate zur Bekleidung und Ausrüstung der Truppen und der Rohstoffe hierfür, ferner von Brennstoffen und Schmieröl, weiter von Metall-Legierungen und endlich von Heil- und Verbandsmitteln mit ihren Rohstoffen zu untersagen, und es erlaubt die Durchfuhr dieser Artikel nur mehr, wenn aus den Schiffspapieren schlagend hervorgeht, daß die Waren nicht für Deutschland bestimmt sind. Waren mit auf den Inhaber gestellten oder übertragbaren Policen ohne weiteren Vermerk werden nicht durchgelassen.

Die neutralen Gebiete werden auf diese Art zu abhängigen Ländern Englands. Aber es fragt sich, ob sie dadurch nicht auch eine Pflicht verletzen.

Die Beschränkungen der Konterbande sind nicht nur zugunsten der Neutralen, sondern auch zugunsten der Kriegsparteien gemacht. Durch die Konterbande besitzt die Kriegspartei das Recht, dem Gegner die Zufuhr abzuschneiden, die sie selbst hat. England ist in der Lage, aus Amerika Getreide zu beziehen, weil Deutschland zwischen Amerika und England keinen Stützpunkt besitzt, England dagegen ist, da es den Atlantischen Ozean beherrscht, imstande, Deutschland die direkte und indirekte Zufuhr zu unterbinden. Wenn die neutralen Staaten daher nicht Verwahrung einlegen, so begünstigen sie Großbritannien; allein eine schuldhafte, eine rechtswidrige Begünstigung ist es nur, wenn ihnen dieser Protest ohne Verletzung ihrer wesentlichen Interessen zugemutet werden kann. Nicht zugemutet werden kann es den Kleinstaaten, auch nicht Skandinavien und selbst nicht Italien — Italien bedarf der billigen englischen Kohle für Eisenbahn, Marine und Industrie —; wohl aber läßt es sich verlangen von den Vereinigten Staaten. In einem Falle haben sie Verwahrung eingelegt, bei Baumwolle. Baumwolle ist seitdem keine Konterbande nach Deutschland. Ein Bund der Neutralstaaten unter dem Sternenbanner als führender Flagge, eine Wiedererneuerung der bewaffneten Neutralität von 1780, würde der englisch-französischen Willkür Einhalt gebieten.

England hat geglaubt, durch diese Gewaltmaßnahmen Deutschland zu schädigen. Dank der Vorsorge unserer großen Industrieunternehmungen sind wir fast mit allen notwendigen Roh- und Hilfsstoffen unserer Fabrikation, mit Kupfer, mit Öl so reichlich versehen, daß uns diese Schläge nicht treffen. Nicht wir, wohl aber die europäischen Neutralstaaten werden durch sie verletzt, die nicht so glücklich sind, wie die Nordamerikaner, den Ausfall außer durch Kriegslieferungen einigermaßen dadurch zu decken, daß sie allein die überseeischen Märkte bedienen, die bisher unter dem englischen, französischen und deutschen Wettbewerb standen. Geschädigt hat England zum Teil aber auch sich selbst. Um gegen Deutschland einen Schlag zu führen, hat England z. B. die Ausfuhr von Zinnplatten nach Holland, Dänemark, Schweden verboten. Die Zinnplattenindustrie in Wales war dadurch zu starken Einschränkungen genötigt.

Konterbande sind auch Personen, aber nicht in demselben Umfange wie Waren. Hier genügt nicht, daß sie zur Kriegführung geeignet, und auch nicht, daß sie wirklich zur Kriegführung bestimmt sind, sondern erforderlich ist, daß sie in die feindliche Streitmacht bereits angereiht, also schon uniformiert sind. Wer noch nicht unter den Waffen steht, wer wehrpflichtig, nur Rekrut, Reservist, Kriegsfreiwilliger ist, darf nicht vom neutralen Schiffe weggefangen werden. Geradeso, wie im Landkriege die neutralen Staaten allein den Durchtransport von Bewaffneten nicht dulden dürfen, ist neutralen Handelsschiffen lediglich verboten, bereits bei den Fahnen Befindliche zu befördern. Wir wissen, daß England und Frankreich von Kriegsbeginn an alle Wehrpflichtigen, ja alle Männer bis zu 55 Jahren an Bord neutraler Schiffe gefangen nahmen, mit Ausnahme von Geistlichen und Ärzten. Sie geben das Unrecht, das sie damit begingen, jetzt mittelbar zu, indem sie das Festhalten aller Wehrpflichtigen heute nicht mehr damit begründen, daß jeder Wehrpflichtige bereits der bewaffneten Macht eingereiht sei, sondern, wie der englische Erstminister am 19. November im Unterhause erklärte, damit, daß die Deutschen in Belgien und Frankreich alle Männer im wehrpflichtigen Alter festnehmen und als Kriegsgefangene wegbringen. Allein dadurch wird ihr Vorgehen kein erlaubtes. Es fehlt die Voraussetzung zu einer Repressalie: eine Rechtswidrigkeit auf seiten des Deutschen Reiches. Deutschland handelt bei seinen Maßnahmen im Feindesland, wo es die volle Kriegsgewalt hat, daher alle Maßregeln zur Bekämpfung des Gegners vornehmen darf, England dagegen auf offener See gegen neutrale Schiffe, somit in Ausübung einer Gewalt, die, weil sie das Prinzip der Unverletzlichkeit der Neutralen durchbricht, eng ausgelegt werden muß. Auch hier vermissen wir den kräftigen Protest der Neutralen, obschon ihre Einnahmen aus Überfahrtgeldern darunter stark leiden.

Gegenstand der Konterbande ist ferner die Beförderung von Nachrichten für den Feind. Allein nur unter wesentlichen Einschränkungen. Erstens müssen die Nachrichten solche von dem oder für den feindlichen Staat selbst sein und dann muß das neutrale Schiff die Reise eigens zum Zwecke der Nachrichtenbeförderung im Interesse des Feindes machen. Sonst gilt der Satz: die Briefpost ist unverletzlich, sowohl die amtliche wie die private, die der Neutralen wie die der Kriegführenden, die auf neutralen wie die auf feindlichen Schiffen. Deshalb ist die Öffnung von Postsachen nach Deutschland auf neutralen griechischen Schiffen durch englische Zensoren, die Wegnahme der für Deutschland bestimmten Post auf brasilianischen Schiffen rechtswidrig. Wegnehmen kann England die deutsche Post auf englischen Schiffen. Das ist englischer Boden. Hier ist feindliches Privateigentum verletzlich. Die gesamte deutsche Post für Chile, die anfangs Oktober mit einem holländischen Dampfer nach Buenos-Aires ging, wurde in Montevideo von einem englischen Handelsschiffe übernommen, auf der Fahrt vom englischen Kreuzer Bristol beschlagnahmt und ins Meer geworfen. Frech, aber nicht rechtswidrig.

Ich gelange dann zu der Frage des Minenlegens.

Hier hat England, zum Teil auch Frankreich, in doppelter Weise gesündigt. Das Meer ist erlaubter Kriegsschauplatz, daher darf der Krieg dort auch durch Minen geführt werden. Indes die Verwendung dieses Kriegsmittels ist eingeschränkt, was selbsttätige oder, wie sie auch heißen, unabhängige Minen angeht. Sie sind, um die Gefahr für Neutrale herabzumindern, nur bei bestimmter technischer Beschaffenheit zulässig; unverankerte, also schwimmende oder Treibminen, lediglich, wenn sie spätestens in einer Stunde, nachdem der Auslegende die Aufsicht über sie verloren hat, unschädlich werden; das Auslegen von verankerten ist allein statthaft, wenn sie so eingerichtet sind, daß sie blind werden, sobald sie sich von der Verankerung losreißen.

Hieraus folgt, daß zum Minenlegen für längere Zeit, zur Minensperre, von den selbsttätigen Minen allein die verankerten in Betracht kommen, die Treibminen lediglich als Streuminen, um sich vor Verfolgung zu schützen, verwendbar sind. Unsere Gegner haben das Völkerrecht verletzt, erstens dadurch, daß sie minderwertiges Minen- und besonders minderwertiges Verankerungsmaterial verwendeten, und zweitens dadurch, daß sie bei dem Verankern nicht sorgfältig verfuhren, nicht nur bei einem Ankergrund festlegten, der ein Losreißen auch bei starker See erschwert. Die an der niederländischen Küste massenweise angetriebenen Minen, alle noch scharf, beweisen es. Sie waren ausnahmslos englische.

Großbritannien hat aber weiter gefehlt. Es hat die ganze südliche Nordsee, soweit Ankergrund vorhanden, und den nördlichen Kanal für militärisches Operationsgebiet erklärt, d. h. durch Minen gesperrt oder wenigstens es vorgegeben. Gleichgültig ist rechtlich, zu welchem Zwecke dies geschah, ob es geschah, um einen Angriff der deutschen Flotte auf die britische Ostküste zu verhindern oder um, aus Furcht vor den deutschen Unterseeboten, die Durchsuchung der neutralen Schiffe in englische Häfen zu verlegen. Zweifellos ist das offene Meer Ort erlaubter Kriegsgewalt, aber wie alles Recht, hat auch das, die See zum Kriegsfeld zu machen, seine Grenze an Rechtspflichten. Die Seekriegsgewalt ist zugunsten der neutralen Schiffahrt eingeschränkt. Die Kriegführenden dürfen durch Kriegsmittel auf offener See die gewöhnlichen Zufahrtsstraßen zu feindlichen und eigenen, aber nicht die zu neutralen Häfen sperren, d. h. dauernd verhindern. Das wäre das Gegenteil von Meeresfreiheit, Seeherrschaft. Nicht die Meeresfreiheit, sondern die Meeresherrschaft bildet die Ausnahme von der völkerrechtlichen Regel. Völkerrechtswidrig ist, wenn England jeden, der das Minenfeld berührt, als Feind betrachtet.

Der letzte grobe Verstoß von England gegen das Neutralitätsrecht bildet dann das Überfliegen früher holländischen und kürzlich schweizerischen Gebietes durch englische Luftkreuzer. England hat damit zwei Rechtssätze durchbrochen. Erstens gilt für das Luftgebiet nicht Durchfahrtsfreiheit, weder in Friedens- noch in Kriegszeiten. Das Überfliegen fremder Staaten im Frieden, das neutraler im Kriege setzt Erlaubnis voraus. Dazu kommt aber: selbst für das neutrale Wassergebiet gilt: die „bloße" Durchfahrt ist erlaubt; sowie das neutrale Gewässer zum Stützpunkt einer militärischen Operation gemacht wird, ist das Durchfahren verboten. Unter dem gleichen Rechte steht das Luftgebiet. Die englischen Fahrzeuge haben neutrales Luftgebiet zum Stützpunkt ihres Überfalles gemacht. Ohne es wäre ihr An- und ihr Rückflug äußerst gefahrvoll gewesen. Die Schweizer haben versäumt, von ihrem Rechte der Abwehr Gebrauch zu machen, die deutschen Kommandos hätten anders gehandelt. Die Verletzung des Völkerrechts ist ebenso unerhört, wie die, die in der Vernichtung des deutschen Hilfskreuzers Wilhelm der Große auf spanischem Wassergebiete bestand.

Alles in allem sehen wir also eine planmäßige Verhöhnung des Seekriegsrechtes durch England und damit gerade durch den Staat, der bei den Bemühungen des letzten Jahrzehnts, das Seekriegsrecht aus einem gewohnheitsmäßigen in ein vertragliches zu verwandeln, eine führende Rolle hatte. Der letzte Entwurf eines Seekriegsrechts-Abkommens trägt den Namen Londoner Seekriegsrechts-Deklaration. Die Konferenz hiefür war von Großbritannien berufen und geleitet. England hat eben, wie in vielen Dingen, auch hier geheuchelt. Es ist an diese Festsetzungen herangegangen mit dem inneren Vorbehalt, sich auch an dieses wie an alles Völkerrecht nur zu halten, soweit es mit seinem Interesse übereinstimmt. Der Schotte Carlyle hat schon vor einem halben Jahrhundert geschrieben, England werde am System der Heuchelei zugrunde gehen. Ich möchte glauben, daß seine Prophezeiung der Verwirklichung entgegengeht. Jedenfalls hat Lord Derby recht, der 1857 seinen Landsleuten ins Stammbuch schrieb: „Unser ganzes Verfahren gegen andere Nationen ist schamlos im hohen Grade. Gereichen die Regeln des Völkerrechts zu unseren Gunsten, so dringen wir auf Vollzug; sind sie es nicht, so lassen wir sie ungestraft übertreten." Wir aber wollen nicht vergessen, daß die Pflichten der Kriegführenden gegen die neutralen nicht nur Pflichten gegen diese, sondern auch Pflichten gegen den anderen Kriegsteil darstellen; denn sie sind im Interesse auch der Kriegsparteien aufgestellt. Daß die französische Armee schweizerisches Gebiet nicht zum Durchmarsch verwenden darf, ist von Vorteil für Deutschland. Daraus aber folgt: für ihre Neutralitätsbrüche sind die Gegner auch uns haftbar. Sie müssen auch den Schaden ersetzen, den sie durch diese Verletzungen Deutschland zugefügt haben. Dabei kommt uns, wie bei allen Schadenersatzansprüchen gegen sie, zu statten, daß sie nicht nur, wie die Türkei und wir, befreundete, sondern verbündete, d. h. zu gegenseitiger Hilfe verpflichtete Kriegsparteien sind. Sie helfen sich nach außen, also haften sie auch gemeinsam nach außen; einer für den anderen.

Wie ist unsere und unserer Verbündeten Kriegführung völkerrechtlich zu beurteilen?

Wenn unsere Gegner recht hätten, würde sie die ungesetzlichste von allen sein. Ein Erfolg der Deutschen, und wir dürfen gewiß sein, daß er von unseren Feinden nicht auf unser militärisches Wissen und Können, sondern auf eine Verletzung des Völkerrechts, auf die Verwendung unerlaubter Mittel zurückgeführt wird.

Was unsere Soldaten angeht, so mögen da und dort kleine Verstöße vorkommen. Aus Feldpostkarten können wir es dann und wann entnehmen. Da rühmt sich z. B. einer, der Gefangenschaft dadurch entgangen zu sein, daß er sich mit Mantel und Mütze des neben ihm gefallenen Engländers bekleidete — ein Mißbrauch feindlicher Uniform. Jedenfalls aber grobe Verstöße, Roheiten und Grausamkeiten haben unsere Truppen sich nicht zu schulden kommen lassen. Nur im Wege der Repressalie gehen sie über die Grenzen der Völkerrechtsordnung hinaus. Geben die Gegner nicht Pardon, so kommt wohl vor, daß auch die deutschen Truppen es nicht tun. Unsere Feinde draußen im gegnerischen Lager und in den neutralen Ländern vermögen dafür, daß die deutschen Soldaten schuldhaft Völkerrecht übertreten, unparteiische Zeugen nicht beizubringen. Wir dagegen haben unparteiische Beweise für das Gegenteil. Uns stehen die Aussagen von Zeugen zur Verfügung, die vielleicht in dem, was sie zu Papier brachten, zurückhaltender gewesen wären, wenn sie vorausgesehen hätten, daß, was sie niederschrieben, in deutsche Hände fallen wird. Unsere untrüglichen Zeugnisse sind die Kriegstagebücher gefallener Feinde. Nur zwei Beispiele. Da steht in der Niederschrift eines französischen Offiziers am 11. September: „Rasttag, das Dorf ist beschossen und alle Häuser sind von unseren Leuten geplündert" und am 26. September: „Aufenthalt Buissoncourt. Das Dorf hat nur wenig Granaten bekommen, aber die Häuser, vor einigen Tagen von den Bewohnern verlassen, sind durch unsere durchmarschierenden Regimenter vollständig geplündert." Und noch wirksamer das Tagebuch eines von Haß gegen alles Deutsche erfüllten Reserve-Hauptmanns. Am 26. August trägt er ein: „Ekel und Erbitterung ergreift uns als Zeugen einer schrecklichen Plünderung der Deutschen. Die Deutschen führen sich auf wie die Wilden." Und vier Tage später heißt es: „Leider erfahre ich, daß die Plünderung nicht von den Deutschen, sondern von den Franzosen begangen worden ist. Welche Schande für uns. Möchte Gott uns gnädig sein." Die Deutschen kaufen in Belgien und Frankreich den Weizen auf, sie plündern ihn nicht.

Noch weniger lastet auf den Befehlshabern und den Regierungen eine Schuld. Die Göben, die Emden, haben Listen gebraucht, aber keine, die der militärischen Ehre oder dem Völkerrecht widerspricht. Weder diese Schiffe noch die Fahrzeuge, die an den britischen Küsten Minen legten, haben sich dazu einer fremden Flagge bedient.

An eine Durchbrechung des Völkerrechts wäre leicht zu denken und sie wäre gegenüber den vielen Verletzungen der Seekriegsordnung durch England sogar als Repressalie erlaubt. Uns Deutschen fehlen im Ausland Flottenstützpunkte, zumal auch die Küsten unserer Kolonien gefährdet sind. Aus dem Grunde hat die deutsche Reichsregierung etlichen Beschränkungen des Anlaufens neutraler Häfen nicht zugestimmt, die auf Betreiben Englands in die Londoner Seerechtsdeklaration kamen. Sie sind, weil neues Recht, für Deutschland selbst moralisch nicht bindend. Immerhin gilt aber auch für das Deutsche Reich, daß der Aufenthalt in neutralen Gewässern, außer bei Beschädigung und wegen Zustands der See, nur kurze Zeit dauern darf und daß die Kriegsschiffe neutrale Häfen allein zur Wiederherstellung und Ergänzung ihrer See-, nicht ihrer Kriegstüchtigkeit verwenden und Vorräte an Lebensmitteln nur bis zum regelmäßigen Friedensstand und an Kohlen lediglich bis zum nächsten Heimatshafen ergänzen dürfen. Den deutschen Auslandskreuzern war also ihre Wegnahme-Aufgabe sehr erschwert. Trotzdem ist unseren Kaperschiffen keine Verletzung des Seekriegsrechts unterlaufen. Die Anschuldigung, daß das deutsche Geschwader die Ekuador gehörenden Schildkröteninseln als Flottenbasis benutzt habe, ist in nichts zerflossen. Dagegen hat die englisch-französische Flotte zu Beginn des Krieges Korfu und Zante so ungeniert als Verproviantierungszentrum benutzt, daß Griechenland bat, durch diese allzu offene Mißachtung der griechischen Neutralität anderen Mächten nicht eine Waffe gegen Griechenland an die Hand zu geben.

Anders steht es mit folgenden Punkten:

Da ist erstens die Frage des Minenaussetzens an der englischen und an der eigenen Küste. Der Vorwurf, der unserer Marine gemacht wird, geht dahin, daß sie die ausgesetzten Minen nicht überwacht habe. Richtig ist: die Staaten sind verpflichtet, bei Verwendung verankerter Minen Vorsichtsmaßregeln zu treffen. Aber das Völkerrecht verlangt nicht, daß diese gerade in Aufsicht bestehen. Im Gegenteil, das Abkommen bemerkt: zu treffen seien alle „möglichen" Maßregeln. Möglich ist aber Überwachung in der Regel nicht bei Angriffsminen. Wie soll die deutsche Flotte die Minen an der britischen Küste beaufsichtigen!

Ein anderer Punkt ist das Herabwerfen von Bomben auf unverteidigte Städte. Gewiß dürfen solche nicht beschossen werden, aber beschossen werden dürfen dem Kriegszweck dienliche Anlagen, angefangen bei der Luftschiffwerft und endend bei der Mäntelfabrik, die Aufträge für das Heer ausführt. Sie dürfen vernichtet werden, auch wenn sie in unverteidigten Orten liegen.

Ein dritter Fall betrifft den Verkauf der Göben und Breslau. Gewiß läßt sich dieser Vorwurf juristisch nicht als Repressalie gegen die verhinderte Herausgabe der zwei Linienschiffe an die Türken bewerten. Denn diese Einreihung der auf der Armstrong'schen Werft für die Türkei liegenden Großschiffe in die englische Marine war eine rechtmäßige, also nur unfreundliche Handlung — Ausübung des in der Staatsgewalt liegenden Rechtes, alles ausländische Vermögen einzuziehen. Denn die Türkei war ja nicht Gegner, sondern neutral, und zudem gilt das Verbot, feindliches Gut einzuziehen, nur für solches der Untertanen und nur für den Landkrieg. Ebenso gewiß gibt es einen Rechtssatz, der den Übergang eines gegnerischen Schiffes zur neutralen Flagge nach Beginn der Feindseligkeiten für nichtig erklärt. Allein dieses Verbot des Flaggenwechsels nach Kriegsausbruch gilt lediglich für den Übergang von Handelsschiffen. Da kommt der Flaggenwechsel häufig vor, um dem Seebeuterecht zu entgehen. Kriegsschiffe gibt es nicht so viele. Da hat sich ein Bedürfnis, den Flaggenwechsel zu verbieten, in der Seekriegspraxis nicht herausgestellt. Es darf der neutrale Staat nicht an den kriegführenden, aber der kriegführende an den neutralen Kriegsschiffe überlassen. Der Gegner hat nicht das Recht, sie noch als feindliche zu behandeln.

Schwerwiegender ist eine vierte Frage, die Frage der Verletzung der Neutralität von Belgien und Luxemburg.

Da sind zunächst zwei Dinge wohl zu scheiden, die Friedens- und die Kriegsneutralität.

Belgien und Luxemburg bilden mit der Schweiz dauernd neutrale Staaten, d. h. Staaten, die auch in der Friedenszeit neutral sein müssen. Diese Friedensneutralität bedeutet etwas anderes als die Kriegsneutralität. Diese besagt: Pflicht, während des Krieges keine Partei zu unterstützen. Die andere bedeutet: Pflicht, im Frieden unparteiische Politik zu treiben, jede Handlung zu unterlassen, die in einen Krieg verwickeln könnte.

Gegen Übernahme dieses Versprechens haben die Großmächte sich verpflichtet, die passive Kriegsneutralität der drei Staaten zu schützen, d. h. zu verhindern, daß sie als Kriegsschauplatz verwendet werden. Zum Schutz des Landes gehört auch, einem Verwenden des Landes zu Kriegszwecken zuvor zu kommen.

Diese Verbindlichkeit lag auch dem Deutschen Reiche gegen Belgien und Luxemburg ob. Allein die Verbindlichkeit ist einmal nur eine Kollektivgarantie. Deutschland war nur verpflichtet im Bunde mit den anderen Großmächten. Deutschland konnte es allein tun, mußte es aber nicht. Dann aber drohte dem Reiche von den anderen Garanten ein Angriff. Dadurch wurde eine gemeinsame Aktion unmöglich. Also bestand hier keine Schutzerfüllungspflicht.

Nun aber die Kriegsneutralität. Jeder Staat ist bereits nach allgemeinem Völkerrechte gebunden, neutrales Land nicht zu verletzen; um so mehr darf er es nicht, wenn er die passive Neutralität dieses Landes garantiert. Wer sie garantiert, darf sie nicht selbst verletzen. Allein diese Nichtverletzungspflicht hat ihre Grenze am Notstand. Wäre das Deutsche Reich von Frankreich allein bedroht worden, so ließe sich nicht von Notstand sprechen. Aber bei Angriff auf zwei Seiten lag eine Gefahr vor, so schwer, daß kein anderes Mittel ihrer Abwehr blieb. Daher war die Verletzung erlaubt, jedoch nur gegen Entschädigung.

Damit ist die Frage gegenüber Luxemburg entschieden, aber noch nicht gegen Belgien. Belgien erhob gewaltsamen Widerstand, Luxemburg nicht. Luxemburg verwahrte sich gegen die Verletzung, zumal französische Truppen noch nicht, wie dem Kommandierenden General des 8. Armeekorps irrtümlich berichtet wurde, übergetreten waren, sondern nur ihr Übertritt drohte. Aber es widersetzte sich nicht, konnte sich auch gar nicht widersetzen, denn Festung und Heer sind ihm durch den Londoner Vertrag von 1867 untersagt. So waren die militärischen Maßnahmen und der Durchmarsch der deutschen Truppen keine Ausübung von Kriegsgewalt, keine feindlichen Akte gegen Luxemburg, sondern zwar bewaffnete, aber nichtkriegerische, friedliche Intervention.

Anders bei Belgien.

Auch wenn die Neutralität schuldlos verletzt wird, hat der neutrale Staat das Recht, Waffengewalt anzuwenden, und die Pflicht, die herüberkommenden Truppen festzuhalten und zu internieren, und die einmarschierenden Truppen sind verpflichtet, sich entwaffnen zu lassen. Ausdrücklich ist Rechtens: Die Tatsache, daß der neutrale Staat die Verletzung mit Gewalt zurückweist, darf nicht als feindliche Handlung angesehen werden. Er darf auch zu diesem Widerstand die Hilfe der anderen Garanten anrufen. War es also nicht wider das Völkerrecht, wenn der Staatssekretär des Auswärtigen Amtes der belgischen Regierung am 2. August, abends 8 Uhr, sagen ließ: Gewährt uns wohlwollende Neutralität; tut Ihr es nicht, tretet Ihr den deutschen Truppen feindlich entgegen, so sind wir zu unserem Bedauern gezwungen, das Königreich als Feind zu betrachten?

Es war nicht gegen das Völkerrecht. Gewiß ist wohlwollende Neutralität Verletzung der Neutralität. Neutralität verpflichtet, keine Partei zu begünstigen, also auch gegen keine wohlwollend zu sein. Indes, Deutschland mutete Belgien keine schuldhafte Rechtswidrigkeit zu. Das Königreich verletzte seine Pflicht, keine Kriegspartei zu begünstigen, durch ein Dulden des Durchmarsches nicht schuldhaft, denn es konnte beim besten Willen nicht aus eigener Kraft den Einmarsch der Deutschen, also die drohende Neutralitätsverletzung hintanhalten. Seine Mittel waren diesem Zwange nicht gewachsen. Daß es schuldhaft seine Neutralitätspflicht verletzte, diesen Vorwurf konnten Frankreich und England daher dem Königreiche füglich nicht machen. Und deren Hilfe als Garanten anzurufen, war Belgien berechtigt, nicht verpflichtet. Aber auch das Auswärtige Amt handelte nicht unerlaubt. Das Deutsche Reich durfte Behandlung als Feind, d. h. an der Stelle von bewaffneter friedlicher Intervention Kriegsgewalt nicht in Aussicht stellen, wenn Belgien der Neutralitätsverletzung sich gewaltsam widersetzte und die beiden nächsten Garanten, Frankreich und England, zur Abwehr dieser Verletzung herbeirief, wohl aber war das Reich befugt, Behandlung als Feind anzudrohen, wenn Belgien Widerstand leistete, um die deutschen Truppen vom Einfall in Frankreich abzuhalten, und diesem Staate das Betreten seines Landes nicht nur soweit gestattete, als er zur Verteidigung der Neutralität, sondern soweit, als es zum Einfall Frankreichs in die Rheinprovinz notwendig war. In Wirklichkeit duldete Belgien den Aufmarsch französischer Streitkräfte an der Maas in der Strecke Givet-Namur nicht zu seiner Verteidigung, sondern zum Angriff auf Deutschland. Es duldete nicht nur den Einmarsch, sondern den Durchmarsch. Und zwar hat es sich hierzu im Frieden und ohne Not verpflichtet. Denn von Deutschland drohte keine Friedensstörung. Somit hatte Belgien seine Friedensneutralität, den Vertrag von 1839, verletzt. Demgemäß war auch die deutsche Reichsregierung ihrer Vertragspflicht überhoben, die Neutralität Belgiens zu erhalten. Sie durfte in der Zulassung des Durchmarsches französischer Truppen eine feindliche Handlung erblicken. Somit hat auch Deutschland gegen Belgien nicht das Völkerrecht gebrochen. Nicht zur Sicherung Belgiens, sondern zum Angriff auf Deutschland haben die französischen Armeen die belgische Grenze überschritten.

Auch da, wo das Reich veranlaßt war, Vergeltung zu üben, hielt es sich in den Grenzen des Rechts, obwohl es die Befugnis besessen hätte, hierüber hinauszugehen, d. h. nicht einfache Vergeltung, sondern Repressalie zu üben. Repressalie heißt technisch Vergeltung einer Rechtswidrigkeit mit Rechtswidrigkeit und solche Selbsthilfe ist erlaubt.

England hat nicht nur Tausende von völlig unverdächtigen Deutschen nur wegen gewisser Möglichkeiten in Sammelverwahrung gebracht — dazu war es berechtigt —, sondern es hat auch vielen von diesen nicht den erforderlichen Schutz der Gesundheit gewährt — darin hat es gefehlt —; trotzdem wurden die erwachsenen männlichen Engländer vom 17.—55. Lebensjahre nur in Sicherung genommen, dagegen von allen Maßregeln verschont, die ihnen die rechtswidrige Behandlung unserer Landsleute in England am eigenen Leibe hätte fühlen lassen. Frankreich hat im ersten Kriegsmonat einige Hundert Elsaß-Lothringer nach seinen Gebieten verschleppt und dort widerrechtlich festgehalten. Als alle Versuche scheiterten, sie frei zu bekommen, hat die deutsche Regierung eine beträchtliche Zahl von Zivilpersonen aus Nordfrankreich weg geführt. Sie hat damit nur von dem Rechte der Kriegsgewalt Gebrauch gemacht. Und dasselbe gilt von der Tatsache, daß die deutsche Verwaltung in Belgien sich auf den Standpunkt stellt, daß das Besatzungsheer nicht verpflichtet ist, aus eigenen Vorräten die feindliche Zivilbevölkerung zu unterhalten. Die deutsche Verwaltung ist rechtlich gehalten, dort das öffentliche, nicht aber verbunden, dort auch das private Leben wieder herzustellen und aufrecht zu erhalten. Selbst in dem Hinausschieben der Fälligkeit von Auslandswechseln und in dem Verschließen der Gerichte für Auslandsklagen liegt kein Abgehen an der Völkerrechtsordnung; denn dies sind Maßnahmen gegen alle Ausländer, nicht nur gegen feindliche, Maßnahmen gegen Auslandsmoratorien, und Moratorien haben nicht nur unsere Gegner, sondern auch Neutralstaaten verfügt. Nur in zwei Punkten wurde vom

Reich Repressalie geübt. Das Landkriegsrechts-Abkommen verbietet, Rechte und Forderungen von Angehörigen des Feindes auch nur zeitweise außer Kraft zu setzen. Deutschland hat Zahlungsverbote gegen England, Frankreich und Rußland erlassen und die obrigkeitliche Zwangsverwaltung französischer Unternehmungen für statthaft erklärt, aber lediglich zur Vergeltung derselben Rechtswidrigkeit, deshalb erlaubt. Ja, Deutschland hat mehr getan, als das Völkerrecht von ihm verlangt. Es hat nicht bloß da, wo die Franzosen oder Belgier in ihrer Heimat verwüstet und zerstört hatten, die Ordnung wieder hergestellt, sondern es hat, soweit es das eigene Interesse gestattete, selbst in Gegenden, die noch im militärischen Operationsgebiet liegen, Armenpflege geübt. Die Bewohner einiger zerstörter Dörfer im Kampffeld bei Verdun wurden zur Verpflegung nach Baden, nach Schwetzingen und Bühl verbracht. Oder ein anderes Beispiel. Was privat ist, darf keine Kriegsgewalt ausüben. Der Privatmann kann in den Soldaten, das Privatschiff in ein Kriegsschiff, z. B. einen Hilfskreuzer, verwandelt werden, aber die Privatperson als solche, das Handelsschiff als solches ist kein Organ der Kriegsgewalt. Ein Kauffahrteischiff darf deshalb, selbst wenn es bewaffnet, d. h. zum Schutze gegen Seeräuber und unbefugte Kaperschiffe mit Geschützen versehen ist, einem feindlichen Kriegsschiff keinen bewaffneten Widerstand leisten. Geschieht es trotzdem, so besitzt das feindliche Kriegsschiff die Befugnis, gegen die Besatzung standrechtlich vorzugehen, d. h. sie erschießen zu lassen. Die deutsche Kriegführung ist humaner. Unsere Prisenordnung schreibt vor, sie nach Völkerrecht, d. h. als kriegsgefangen zu behandeln.

Unwillkürlich drängt sich die Frage auf die Lippe: warum diese Milde, warum diese Menschenfreundlichkeit gegen Angehörige von Staaten, welche die Gesetze des Rechts und der Sitte gegen unsere Truppen, gegen unsere Staatsangehörigen mißachten, warum keine Repressalie in gleicher Richtung?

Zum Teil verbieten uns die Verhältnisse Repressalie zu üben. Engländer und Franzosen nehmen die deutschen Rekruten, Reservisten und Kriegsfreiwilligen am Borde neutraler Schiffe gefangen und entziehen uns auf diese Weise Hundertausende von Hilfskräften, die deswegen zum Verbleiben im Ausland verurteilt sind. Engländer und Franzosen lassen die Besatzung aufgebrachter deutscher Handelsschiffe nicht, wie es das neueste Völkerrecht fordert, gegen das Versprechen frei, während der Dauer des Krieges gegen England und Frankreich keine Feindseligkeiten zu begehen, sondern setzen die Bemannung ohne weiteres in Gefangenschaft. Die Emden und Karlsruhe und unsere anderen Wegnahme-Schiffe lassen ihnen die Freiheit und geben ihnen Zeit, sich auf ihre Boote zu begeben, oder befördern sie sogar auf Begleitschiffen — sich dadurch dem Verrat aussetzend — nach neutralen Häfen. Hier wäre an eine Wiedervergeltung zu denken. Allein wir können sie regelmäßig nicht gefangen nehmen, wir haben nicht in verhältnismäßiger Nähe deutsches Gebiet und zu dem Gewaltmittel, Besatzung und Fahrgäste ihrem Schicksale zu überlassen, den für uns nötigen Bedarf an Lebens- und Feuerungsmitteln aber vorher vom Schiffe wegzunehmen, diese Unmenschlichkeit bringen wir Deutsche ohne Not nicht fertig.

Und Repressalien gegen die Gefangenen und Ausländer in Deutschland, Unterbringen derselben in ungeheizten Räumen, Kürzen der Nahrung, um zu erreichen, daß unsere Gefangenen in England, Frankreich, Rußland, soweit sie widerrechtlich ihrer Freiheit beraubt sind, entlassen und, soweit sie rechtlich gefangen sind, menschenwürdig behandelt werden? Ja müssen wir bei der Herzlosigkeit unserer Gegner nicht befürchten, daß die Unmenschlichkeiten sich steigern, ohne daß wir sie verhindern können? Nur ein Mittel gäbe es, und es sollte augenblicklich angewendet werden: wir setzen von unseren Gefangenen, Kriegs- und Zivilgefangenen, diejenigen den schwersten Entbehrungen und Anstrengungen aus, die den leitenden Persönlichkeiten unserer Gegner persönlich nahe stehen.

Anders steht es mit den unnötigen Grausamkeiten in der Schlachtfront. Ist es nicht Hartherzigkeit gegen unser Bestes, gegen unsere Soldaten, wenn diese erfahren müssen, daß sie durch weiche, vergiftete oder mit Widerhaken versehene Geschosse schwersten Verletzungen und von Gegnern mit tierischen Kriegsgebräuchen furchtbaren Verstümmelungen ausgesetzt sind, selbst aber den strengen Befehl haben, sich derselben Waffen nicht zu bedienen? Es fehlt mir die militär-technische Erfahrung, um die Möglichkeit zu prüfen, ob das Mittel auch wirken würde; aber vom allgemein menschlichen Standpunkte aus besehen, geht mir diese Strenge zu weit. Wir haben Langmut geübt, immer und immer wieder nur gedroht. Und wir verstoßen auch nicht gegen das Völkerrecht, wenn wir unnötigen Grausamkeiten durch eben dasselbe Mittel begegnen. Lassen sich unsere Soldaten dadurch schützen, so verlangt die Menschlichkeit gegen sie Repressalie. Zuerst Menschlichkeit gegen unsere Brüder, dann erst gegen unsere Feinde. Schonung der Feinde wird sonst zum Verbrechen an denen, die ihr Leben für uns einsetzen, zum Verbrechen an unserem eigenen Blut. Daß unsere Soldaten Krüppel, unsere Gegner aber geheilt werden, diese Art Ritterlichkeit darf nicht zum System erhoben werden. Jedenfalls ist zu fordern, daß Gegner, von denen nach ihrer Übung bekannt ist, daß sie den Feind bestialisch behandeln, nicht gefangen gehalten, sondern erschossen werden. Das Leben eines Deutschen ist uns Deutschen mehr wert, als das Leben eines brutalen Gegners. Gurkhas und Senegalesen sind selbst erstaunt, wenn ihnen trotz ihrer Grausamkeiten das Leben gelassen wird. Auch vor der Weltgeschichte läßt sich eine derartige Gegenwehr vertreten. Falsche Humanität verschafft nicht Respekt, sondern wird als Schwäche ausgelegt.

Und nun die letzte Frage: Wie erklärt sich, daß die deutsche Wehrmacht den Kampf mit rechten, unsere Gegner ihn mit verbrecherischen Waffen führen, wir mit dem, sie wider das Völkerrecht, wir menschlich-ritterlich, sie grausam und brutal?

Das hat eine nähere und eine entferntere Ursache.

Die nähere ist die, daß unser Krieg gerecht, kein Angriffs-, sondern ein Verteidigungskrieg ist. Wohl kann auch ein Angriffskrieg gerecht sein: dann, wenn es um das Lebensinteresse des Staates geht. Für gewöhnlich aber ist ein Angriffskrieg nicht ein Existenz-, sondern ein Erwerbskrieg.

Man hat Deutschland vorgeworfen, daß der Krieg, den es führe, ein Angriffskrieg sei, und wenn man das Wort militärisch als Eröffnung des Waffenkampfes versteht, hat diese Meinung recht. Deutschland hat den Krieg an Rußland und Frankreich erklärt. Deutschland ist nicht der Bundesgenosse Österreichs, sondern Österreich der Deutschlands geworden. Aber das Wort ist nicht militärisch, sondern politisch zu verstehen. Hier ist Kriegseröffner nicht notwendig identisch mit Angreifer. Sachlich und damit politisch ist Angreifer, wer zum Krieg herausfordert. Sachlich ist der provozierte Angriff Verteidigung. Der Beweis hierfür läßt sich auch juristisch führen, im allgemeinen und für unseren besonderen Fall. Niemand wird von dem Jäger, der, wenn er plötzlich einen Wilderer aus dem Hinterhalt auf sich anlegen sieht, rasch schießt, sagen, der Jäger habe den Wilderer angegriffen, sondern jedermann wird erklären, der Jäger war in Notwehr, er hat sich gegen einen Angriff verteidigt. Notwehr ist Verteidigung, die einen unmittelbar drohenden Angriff abwendet. Nach unserer Reichsverfassung darf der Kaiser einen Krieg nur dann ohne Zustimmung des Bundesrats erklären, wenn ein Angriff auf das Reichsgebiet erfolgt. Würde dies bedeuten: wenn der Feind die Grenzen überschreitet, so wäre damit etwas höchst Überflüssiges bestimmt. Denn daß dann nicht erst der Bundesrat gehört werden muß, ein Kollegium, dessen Mitglieder erst Instruktionen einzuholen haben, ist selbstverständlich. Sonst wäre der Feind unterdessen in Marienburg und in Stuttgart. Wohl aber hat die Bestimmung Sinn, falls sie besagt: wird das Reich durch Bedrohen des Bundesgebietes herausgefordert, dann darf der Kaiser allein den Krieg beginnen; will er dagegen herausfordern, so muß er vorher den Bundesrat hören.

Das gleiche ergibt aber auch der Vertrag, auf den es hier ankommt, der deutsch-österreichische Bündnisvertrag. Sein Wortlaut ist ja bekannt. Österreich ist hiernach zur Hilfe verpflichtet schon, wenn uns Rußland allein „angreift"; aber es ist auch verpflichtet, wenn wir von Frankreich angegriffen werden, dann aber nur, falls Frankreich von Rußland unterstützt wird; und da heißt es nun: „sei es in Form einer aktiven Kooperation, sei es durch militärische Maßnahmen". Hieraus folgt: die Unterstützung im Sinne des Vertrages kann in einem doppelten bestehen, in Waffenanwendung oder nur in Mobilisierung. Wenn letzteres für eine Unterstützung ausreicht, reicht es auch für den Angriff im Sinne des Vertrages aus. Angriff im Vertragssinne liegt deshalb bereits bei kriegsbereiter Aufstellung des Heeres, somit bei Herausforderung vor. Und damit stimmt der Eingang des Vertrages überein, in dem die beiden Kaiser betonen, daß ihr Abkommen rein defensiv sei, und sich feierlich versprechen, nach keiner Richtung ihm jemals eine aggressive Tendenz beizulegen; ihr Bund sei ein Bund des Friedens und der gegenseitigen Verteidigung. Das heißt eben: kein Bund zur gemeinsamen Herausforderung. Daher war für Österreich die Bündnispflicht gegeben, weil Rußland durch allgemeine Mobilmachung Deutschland angegriffen hat. Dagegen war Frankreich nicht verpflichtet, Rußland zu helfen. Auch der französisch-russische Bündnisvertrag lautet nur auf Schutz; Österreich hat Rußland nicht herausgefordert. Noch weniger war für England und Japan der Bündnisfall vorhanden. Aber nur dem Wortlaute nach waren diese Bündnisse Schutzbündnisse. Dem Geiste nach gingen sie auf Angriff, auf Überfall. Drei rohe Gesellen haben den friedfertigsten aller Staaten überfallen wollen, das ist der nackte juristische Tatbestand.

Wir verstehen daher den gerechten Zorn, in den unser sich selbst so meisternder Reichskanzler in jener denkwürdigen Aussprache mit dem britischen Botschafter am 4. August geriet, und wir verstehen, warum unsere Feinde den Krieg mit rechtswidrigen Waffen führen. Für sie war es notwendig, um die öffentliche Meinung des Auslandes, um das Vertrauen des eigenen Volkes und vor allem, um den Mut der eigenen Truppen zu gewinnen und zu erhalten. Ungerecht wurde der Krieg begonnen und darum auch verbrecherisch geführt. Das Schicksal muß sich von selbst erfüllen.

Aber auch die entferntere Ursache lassen Sie mich nennen.

Sie liegt in dem Unterschiede der Verfassungsform. Die Staaten unserer Gegner sind Länder der unkontrollierten Staatsgewalt. Die Konstitution in Rußland enthält nur Scheinschranken. Das russische Reich ist immer noch absolut. Und nicht minder unbeschränkt herrschen in Frankreich und England die Ministerien. Wo die Exekutive unkontrollierbar ist, da gerät sie leicht in die Hand der Geldgier. In Rußland regiert der geldgierige Hof, Frankreich steht unter der Herrschaft der Banken, in England sitzen die Industrie- und Handelsbarone im Regiment. Sie zahlen die Wahlkosten. Ihre Werkzeuge sind die Minister. In der parlamentarischen Regierung kommen Leute mit zügellosem Ehrgeiz und grobem Gewissen leicht in die Höhe. Eigendünkel und Gewissenlosigkeit sind die Kardinaltugenden parlamentarischer Regierer, ministerieller Selbstherrscher. In Rußland, Frankreich und England herrschen Tyrannen, bei uns Könige. Wilhelm II. ist wahrhaftig eine große sittliche Persönlichkeit, und nicht minder sein Kanzler. Die Reinheit des öffentlichen Dienstes ist es, die uns stark für den Krieg, stark für die Offensive und noch stärker für die Defensive macht. Die Reinheit des öffentlichen Dienstes ist es auch, die uns innerlich zwingt, das Völkerrecht zu achten als das Recht, das gilt zwischen Staaten, die sich schätzen als sittliche Persönlichkeit. Die Staaten, die uns gegenüberstehen, verleugnen ihre Würde als sittliche Persönlichkeiten.

Und so komme ich zurück zu dem, wovon ich ausgegangen bin.

Imperator und Vaterland sind die Namen zweier stolzer Wahrzeichen unserer deutschen Schiffsbau- und Handelskunst. Imperator und Vaterland sind auch die Angelpunkte unseres staatlichen Daseins. Imperator der Inbegriff unserer Kraft. Auf dem Kaisertum beruht unsere Einheit. Monarchie, nicht Autonomie; eine starke, keine weiche Hand. Und Vaterland, das ist der Inbegriff der Pflicht. Zunächst der Pflicht des offenen, ehrlichen Bekenntnisses zum Deutschtum. Weg mit allem Undeutschen in uns und um uns. Dann aber der Opferpflicht, des Opferns von Person und Gut, um wenigstens in etwas die Dankesschuld zu tilgen, die auf uns lastet gegenüber den Führern und Männern, die ohne zu klagen für uns dulden, leiden und sterben. Wer ihnen nacheifernd sich bemüht, gering zu werten, was er ist und was er hat, wer das alte, kleinliche Ich-Leben vernichtet, der findet ein wahrhaft beglückendes neues in der Hingabe an das edle, ritterliche, furchtlose, sieghafte deutsche Vaterland.

Und so lassen Sie mich schließen mit dem Anfange des vaterländischen Liedes, das sein Sänger vor mehr als siebzig Jahren auf dem damals noch englischen Helgoland gedichtet hat, mit dem Rufe, der uns gibt, was wir brauchen, und uns sagt, was wir sollen, der ein herrliches Trostwort ist für die Trauernden, ein flammendes Mahnwort für die Regierenden und Parlamente, ein gewaltiger Weckruf zur inneren Läuterung für uns alle, mit dem Rufe, der ist der Schlachtgesang unserer Krieger und der Jubelsang unserer Sieger, mit dem Rufe: Deutschland, Deutschland über alles, über alles in der Welt!

M. DuMont Schauberg, Strassburg. — 422/14

Druck von M. DuMont Schauberg, Straßburg.

FSC
www.fsc.org
MIX
Papier | Fördert
gute Waldnutzung
FSC® C083411

Kolibri 360 GmbH
Ferdinand-Jühlke-Straße 7
99095 Erfurt, Deutschland
produktsicherheit@kolibri360.de